股票
日内交易
入门

雷行健

著

西南财经大学出版社

中国·成都

图书在版编目(CIP)数据

股票日内交易入门/雷行健著.—成都:西南财经大学出版社,2023.9
ISBN 978-7-5504-5893-2

Ⅰ.①股… Ⅱ.①雷… Ⅲ.①股票交易—基本知识 Ⅳ.①F830.91

中国国家版本馆 CIP 数据核字(2023)第 149552 号

股票日内交易入门
GUPIAO RINEI JIAOYI RUMEN

雷行健 著

策划编辑:周晓琬
责任编辑:周晓琬
责任校对:肖 翀
装帧设计:墨创文化
责任印制:朱曼丽

出版发行	西南财经大学出版社(四川省成都市光华村街 55 号)
网 址	http://cbs.swufe.edu.cn
电子邮件	bookcj@swufe.edu.cn
邮政编码	610074
电 话	028-87353785
印 刷	四川新财印务有限公司
成品尺寸	165mm×230mm
印 张	10.75
字 数	142 千字
版 次	2023 年 9 月第 1 版
印 次	2023 年 9 月第 1 次印刷
书 号	ISBN 978-7-5504-5893-2
定 价	56.00 元

免责声明

股票交易具有非常高的风险，可能会造成资金的亏损。本书的作者以及出版方皆不对任何交易或投资的结果承担责任。本书中涉及的方法、技巧或技术指标仅作为写作用途，不作为投资建议。本书中所涉及的具体股票仅作为写作案例，不作为投资建议。本书的读者不应只根据书中的信息进行交易或投资。

目　录
C O N T E N T S

引子：

你想成为股票日内交易者吗？

💰 股票交易还是股票投资？

不管是股票交易还是股票投资，其目的都是实现财富的增长，即赚钱，让钱赚钱。广义上两者类似，但是要详细区分时，可以说，股票投资关注的是长期的财富增长，手段是买入并持有；股票交易则是一种更积极、更注重短期的策略，会更加频繁地买入和卖出。

大多数人的想法是：用一笔闲钱买点股票，放一段时间，等涨了以后卖掉赚钱。这是股票投资，不是股票交易，更不属于股票日内交易的范畴。实际上，短线的股票交易依赖对 K 线的分析和对特定指标的解读；而股票投资的本质是投资公司，需要分析目标公司的经营情况，从而判断这家公司是否值得投资。

股票日内交易是典型的短线交易，需要通过分析 K 线等技术指标来预测接下来几分钟股票价格的走向。股票日内交易者不需要知道股票市场的长期趋势，因为在进行日内交易时，交易者关注的是几分钟或几十分钟的股票走势。所以，股票日内交易是短线交易，不是长期投资。换句话说，股票日内交易者不会预测大盘接下来几年或几个月甚至几天的走势，因为股票日内交易的性质决定了交易者不会长期持有任何股票仓位，所以大盘或任何个股的涨跌对股票日内交易者不会有任何影响。

以苹果公司股票（股票代码 AAPL）为例，我们在进行日内交易时完全不需要预测 AAPL 接下来几天的走势，甚至对其第二天的涨跌也没有任

何预判。第二天开盘后，如果股价下跌，可以做空；如果股价上涨，可以做多（之后会解释如何做空和做多，这两种方式都可以盈利）。股票日内交易者关心的只是从开盘到收盘的这六个半小时内任何可能盈利的交易机会。至于苹果公司是不是好公司，值不值得投资，股票日内交易者并不关心。

一般来说，股票日内交易者只关心当天可能走出趋势的股票，只专注于当天赚钱的机会。这样的情况下，股票日内交易者考虑的时间跨度往往是几分钟或几十分钟，所以他们不会去关心几天之后的行情发展，更别说几周或几个月后的行情。

¥ 为什么从事股票日内交易？

需要强调的是，股票日内交易是一项高门槛且专业性很强的工作。大多数股票日内交易员都收入不菲，甚至很多著名的股票日内交易员可以获得上千万美元的年薪，但是和其他高门槛的工作一样，这需要从业者花费大量的时间和精力来学习和训练。股票日内交易既不容易也无法迅速致富，那为什么还有大量的交易者从事股票日内交易呢？

首先，当然是因为这是一份收入颇丰的工作。如果你真的掌握了日内交易持续盈利的本领，以交易美股为例，你一天可以赚取数千美元甚至更高的报酬，这远远高于其他行业的收入。无论你居住在哪里，每天几千美元的收入都是相当高的，你可以过上非常优渥的生活。大多数成熟的全职股票日内交易者每个月都可以赚取数万美元，这在任何职业中都属于非常高的收入。

其次，除了收入外，股票日内交易还有很多其他工作没有的优势，比如从不加班。日内交易的工作时间是股市开盘的交易日，即周一至周五。以美国股市为例，你工作的时间是纽约时间周一至周五早上 9:30 至下午 4:00，其他时间绝对不加班。对我个人来说，我最满意的是这个工作的状态，你可以在家工作，有时一天只需要工作几个小时。你有大量时间可以跟家人或朋友相处，不需要事先向老板请假，你可以享受到其他工作少有的自由。最重要的是，如果你真的能够学会股票日内交易的交易技巧，那么无论在哪个市场，无论你身在何处，都可以通过交易赚钱，保证生活无忧。

最后，比起其他的股票交易方式，日内交易规避掉了盘前盘后的波动，这就意味着你每天最多的工作时间就是开盘到收盘的六个半小时，你不用在收盘后还担心自己的持仓会不会因为某个无法预测的消息而大起大落。你完全不用在收盘后和开盘前再打开你的股票账户，查看是亏损还是盈利。这是日内交易的另一大优势，因为盘前盘后的波动在我看来是无法预测的。

从创业的角度来看，相比于其他创业项目，股票日内交易有什么优势呢？以我的个人经历而言，我觉得从创业的角度来说，股票日内交易是一个相对比较容易的起点。我在从事全职股票日内交易之前，开过从事进出口贸易的公司。在公司筹备时，我需要为仓库的租金、设备、员工招聘和培训、保险、营业执照等投入大量资金，而且，虽然我不想承认，但是当时确实无法保证公司可以顺利盈利。相比之下，股票日内交易起步更容易，你可以现在就去开一个交易账户，这不需要任何费用，然后从第二天开始进行交易。你需要做的仅仅是提高自己的交易技巧和保持良好的心态，比起其他创业项目的复杂程度，我个人觉得从事股票日内交易要简单很多。

在资金管理方面，股票日内交易也相对简单，比如我买入某只股票，做多，一旦发现情况不对（股票在接下来几分钟下跌到你的止损位），可以立刻卖出。在这样的情况下我的损失是可控的，因为在入场之前我就已经定好了止损位。但是如果我从事的是进出口贸易——从其他国家进口货物，然后在另一个国家出售，在这个过程中，就有很多环节可能出错，比如货物供应商、运输、海关、分销等都可能出现问题。除非所有环节都顺利，否则我的资金可能长时间被套牢。换言之，我几乎没有简单的方法可以立

刻止损。但股票日内交易若出现问题，只需要点击几下鼠标就可以在几秒内平仓离场，接下来重新寻找可以再次入场的机会，重新再来即可。这样的优势，是其他行业所没有的。

如果在经过一段时间的学习后，你发现你可能并不适合从事股票日内交易，那也没有关系，你可以随时停止交易。你只需要把资金从交易账户中转回到你的银行账户，再关闭你的交易账户即可。除了已经花掉的时间以及已经在交易中亏损的钱之外，你不需要再承担任何损失。反之，如果你想关闭一家贸易公司，你就不能简单地关门、遣散员工，然后留下未履行的订单和办公室租约扬长而去。

¥ 股票日内交易很难吗？

股票交易，有些人认为是非常简单的事情，简单来说，他们认为低买高卖就可以获利。如果真的如此简单，那么每一个交易股票的人都可以赚大钱。实际上，能够通过股票获得稳定盈利的交易者凤毛麟角。根据上海证券交易所（上交所）的数据，从2016年到2019年年中，所有个人投资者，不管是只有几万元投资额的"迷你小散"，还是投资额超过千万元的"超级牛散"，其年化收益都是负值。股市中流传的"七亏两平一赚"的说法，并非虚言。在美国，曾经有券商公布相关资料，这些资料显示在进行六个月的美股交易之后，只有16%的交易者获利。换言之，84%的新手在开始交易的前六个月内都亏损了。

对大多数人来说，任何形式的股票交易都不是可以迅速致富的途径，日内交易也不例外。如果你对这方面有所误解，想在股票市场一夜暴富，我劝你重新审视自己的财务状况，即便是有暂时不用的资金，也不要投资到股市。

同时，有大量成功的股票日内交易者证明，日内交易确实是可以稳定盈利的,而且收入不菲。但是请务必记住,这是一个门槛极高的专业领域,绝大多数初学者不可能轻易做到,想要成为稳定赚钱的股票日内交易者,必须投入大量的时间与精力。这整个的学习过程是非常漫长和艰难的,虽然你可以通过许多方式加速学习的进程,但是无论如何都无法省略这个学习的过程。

我认为,想成为合格的股票日内交易者,整个学习的过程可以分为以下六个步骤:

第一,学习基础的股票分析技术,学会基础的交易策略。

第二,建立自己的交易系统。

第三,在模拟盘上练习,得出这套交易系统的盈利情况。

第四,改进交易系统后,再在模拟盘上练习。

第五,实盘使用小笔资金进行交易。

第六,在能做到小笔资金稳定盈利后逐渐加大仓位,实现大资金稳定盈利。

以上六个步骤不可省略。有一些新手交易者在学习了第一步后,即学会了某个交易策略后,就急不可耐地开始了第六步,在实盘上使用大笔资金进行交易,这是必然会失败的。合格的股票日内交易者需要花费大量的时间和精力完成上述六个步骤。

那么新手需要花多长时间才能开始赚钱呢?有人认为股票日内交易需要至少一年的历练才可能开始稳定盈利,而有些人可能会说股票日内交易的最初两年是不可能赚钱的。根据我的经验,我接触到的不论是机构还是散户中大多数表现较好的日内交易者,通常都可以在全职从事日内交易九个月之后,开始实现稳定盈利。当然对另一些人来说,可能要花上一年或更长的时间。如果你觉得这段时间太长,或者觉得在这段时间内没有稳定的收入,会对你的生活造成压力,那么你可能应该选择从事其他行业。

目前，市面上有许多书籍和网课宣称，它们所提出的简单策略或使用的单一指标，可以让新手从第一天起就获利；或者只要上过一个月甚至一周的课就可以赚钱。在我看来，这严重违背了股票日内交易的规律并且低估了股票日内交易的复杂性和专业性。作为一种门槛极高的行业，股票日内交易和其他高门槛的行业一样，其需要的技巧、方法和策略都需要通过长时间的学习和训练才能掌握。股票日内交易所需要的完整的交易系统，以及交易者强大的、自律的、稳定的心态，这些都需要时间来磨炼。

股票日内交易是具有极高专业性的工作，就像编程或做手术一样。日内交易者与程序员或医生一样，需要长时间的学习和训练。在进行真实的资金交易之前，初学者需要投入大量的时间和精力研究各种交易策略，并且要在模拟盘上进行大量的练习。以美股为例，成功的散户日内交易者平均每天可以赚 1 000～2 000 美元，相当于年收入高达 25 万～50 万美元（美股平均一年有 250 多个交易日）。有这样收入水准的工作者所掌握的知识是绝对不简单的。无论是程序员、医生，或其他高门槛工作的从业者，都需要多年的教育、实习和工作经验，并通过专业的考试才能获得相当的收入。那么，同样要求极高的专业性的日内交易者，怎么可能不一样呢?

想成为合格的股票日内交易者就需要严肃地看待股票日内交易，即股票日内交易不是某种爱好也不是工作之余的休闲活动，而是你为之奋斗的事业。当准备进行股票日内交易之前，你必须认真研究准备，就像一个认真准备考试的学生一样。一旦脱离模拟盘，你开始了真正的资金交易，就应该将其当作你的工作。和其他工作一样，你必须在交易前做好准备。只要你严肃认真地对待这份工作，你就完全有可能成为一名成功的股票日内交易者，但前提是你必须比其他竞争者准备得更充分。一旦开始从事股票日内交易，你就在和全世界最精明的一些人竞争，股票市场是由庞大的交易者群体组成的，他们遍布世界的各个角落，有些人是散户，有些人为机构工作。所有人的共同点都是用手紧紧捂住自己的口袋，死守着自己的钱，同时，都把手伸向了对方的口袋，想拿走对方的钱。

　　所以，作为一名股票日内交易者，你所从事的事业要求你在交易时更谨慎，比其他竞争者准备得更充分。

关于股票日内交易

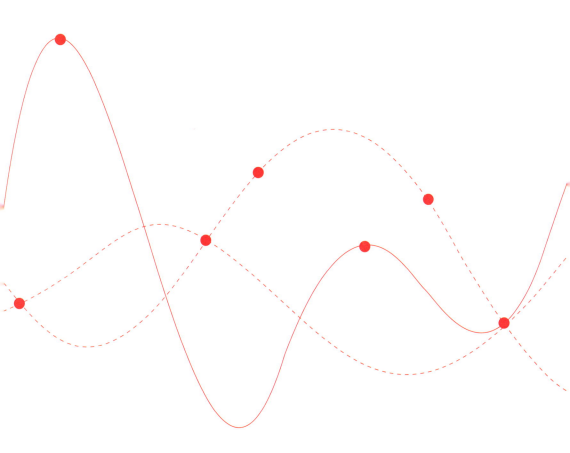

第一节
什么是股票日内交易

　　股票日内交易是众多股票交易方式中的一种，是指当天建仓、当天平仓，在收盘时不持有任何股票仓位的交易方式。股票日内交易的持仓时间一般从几分钟到几小时不等，一天之内可能交易多只股票，力争从当日股票价格的波动中赚取利润。日内交易主要借助K线形态、均线走势等来预测股票价格接下来的走势，预先建立多头或空头仓位（多头是指对股票看涨的交易者，空头是指对股票看跌的交易者），从而在接下来的股价走势中盈利。股票日内交易者寻找的是入场后能够马上盈利的短线交易机会，这种交易方式持仓时间短，承受市场波动的风险较低。

　　在全世界范围内，有大量的交易者把日内交易作为职业，成功的股票日内交易者可以做到持续稳定的盈利。我个人主要从事中国香港股票市场和美国股票市场的日内交易工作，但本书中提到的股票日内交易的思想和方法，对其他股票市场同样适用。日本、德国、加拿大等采用T+0机制的股市都支持日内交易。另外，日内交易同样可以运用于交易外汇、期货、电子货币等。本书中所提到的日内交易均指股票的日内交易。

　　大多数股民比较熟悉的交易方式：预测一只股票要上涨了，买入，然后等几天或几周，如果顺利上涨则卖出。这样的交易方式属于波段交易（swing trading），这是一种尝试抓住一大波上升浪的交易策略，持仓时间短则几天长则几周。日内交易与波段交易是完全不同的两种交易形式。

　　日内交易和波段交易两者间最明显的区别是，日内交易不会持有仓位过夜，而且要进行这两种不同交易形式所接受的训练也不同。本书中提及的关于日内交易的思想和方法，只适合于日内交易，不能套用到波段交易上。那为什么日内交易者绝不应该持有隔夜仓位呢？比如在临近收盘时，你持有的仓位仍处于亏损状态，在这种情况下，你也必须接受亏损而选择平仓。你可能会有疑问，为什么不能持有仓位到第二天，"说不定"第二天就会抹平亏损。

这是为了避免更大的损失。有些新手日内交易者在临近收盘之时会突然改变交易计划，这是因为他们不愿意接受亏损。他们本应在收盘前接受亏损，平仓离场，却临时决定持有隔夜仓位，期待第二天可以挽回损失。但是这种期待的本质是赌博，因为没有人知道，第二天的行情是什么样的——可能高开，也可能低开；可能大涨，也可能大跌。很多新手日内交易者都犯下过这样的错误，因为不愿接受亏损，把日内交易做成了波段交易，结果付出沉重代价。作为日内交易者，你规避掉了盘前盘后的波动，这是日内交易的一大优势，因为盘前盘后的波动是无法预测的，所以请严守日内交易的交易方式。日内交易就是日内交易，不要变成其他的交易方式。

第二节
股票日内交易的目标

每天都要盈利，这是股票日内交易的目标。但是需要强调的是，日内交易不是一条能让你迅速致富的捷径，虽然每一天都要以盈利为目标，但是一般情况下，一天之内的盈利不会超过账户总资金的5%。日内交易不是赌博，而是风险可控且目标明确的交易行为。

在日内交易这种交易模式下，你不能持仓过夜，即在每天收盘时，你

的账户里只能有现金，不能有任何股票。所以，你增加财富的时间，即赚钱的时间，以美国股市为例，为每个交易日开盘到收盘的六个半小时。日内交易者没有分红，没有年终奖，只能根据你每天在交易中的表现"领取报酬"。

那么在这六个半小时里，你需要赚多少钱呢？一般日内交易者每个交易日的盈利目标是账户总金额 1%～2%。这是非常可观的目标，以美国股市为例，全年有 250 多个交易日，如果你每天都能盈利 1%，那么你的资金在一年内将增加 12 倍。当然，连续一年每天盈利是不可能的，因为即便是再有经验的日内交易者，也有某些交易日是亏损的。那么 1% 的盈利是否可行呢？我以 25 000 美元为例（大多数日内交易新手的账户总金额为 25 000 美元）。在交易时，一只价格为 50.00 美元的股票，我认为接下来会上涨，于是我买入 500 股。之后，每股价格顺利上涨 50 美分，即 50.50 美元，我卖出 500 股。此时，我总盈利为 250（500×0.5）美元，即账户总金额的 1%，这一笔交易已经完成了当天的目标。所以，在日内交易时，你并不需要追求 5 美元、10 美元的涨幅，你往往需要的只是像这 50 美分的利润，这是和其他股票交易方式不同的地方。

不过对于新手来说，我建议不要太在意每天的盈利，你只需要定一个小目标。我在刚刚开始全职做日内交易时，我的目标是每天稳定盈利 10 美元，我花费了大概 3 个月达到了这个目标，接下来我的目标增加到 20 美元、50 美元、100 美元……我个人的体会是，如果你能稳定地每天盈利 10 美元，那么每天盈利 1 000 美元对你来说是很简单的。请注意，这里的关键点不是数字，而是稳定。这也是日内交易和其他交易形式最大的区别，日内交易追求更加稳定的盈利，即每天都要赚取利润。

总的来说，从 0 到 1 很难，从 1 到 100 相对简单很多。

第三节
股票日内交易的交易系统

在股票日内交易中，交易系统是指个人化的众多交易策略的集合。其中，交易策略是指在交易市场中能实现稳定盈利的一套规则的集合，包括入场和出场的条件、仓位管理和风险控制等。而个人化是指每一位日内交易者使用的交易策略都不完全相同，但是选择的都是最适合自己的交易策略，换言之，这位交易者的交易系统不一定适合其他交易者。市面上的交易策略数以千计，我了解的可以稳定盈利的日内交易者中，大多数人，包括我自己，都只擅长少数几种交易策略。作为日内交易者，大多数时间我们要做的就是等待，等符合我们交易策略的入场机会，入场，然后拿走利润。想要在日内交易中保持稳定的盈利，并不需要学会太多的交易策略，你需要做的是精通其中的几种，再把这些交易策略综合到一起，形成一套简单有效的交易系统，这能够让你更加专注地提高交易的胜率。

日内交易失败的原因有很多种，但是成功的原因只有一种，就是严格按照自己的交易系统，执行每一笔交易。如果你想要通过日内交易稳定地盈利，你必须花费相当多的时间和精力来完善自己的交易系统。本书将在第六章和第七章详细介绍交易策略和交易系统。

第四节
股票日内交易的基本操作——做多和做空

日内交易有两个基本的操作思路——做多和做空。那么，什么是做多、

什么是做空呢？

先说说做多，这是符合大多数人习惯的一种交易行为，简单理解，就是低买高卖。在交易中，如果认为某只股票价格将上涨，交易者会先买入，期待稍后有机会以更高价卖出。这种交易，被称为做多（Long）。做多表示交易者认为价格会上涨，而做多的交易者，被称为多头。如果交易者认为价格会下跌呢？这时交易者可以向券商借取股票，然后趁着高价卖出，期待价格下跌后，以更低的价格买回股票，然后还给券商。这种借由高卖低买之间的差价获利的方式被称为做空（Short）。做空的交易者，被称为空头。在股票交易中，多头将所买进的股票卖出，或空头买回所卖出股票行为的统称为平仓。在平仓后，交易者的账户中将不再持有此股票的仓位。

还是以苹果公司股票（AAPL）为例，交易者先卖出从券商那里借到的 100 股 AAPL，这个借股票的过程在交易平台中是自动的，只需要选择 Short 交易即可。此时交易者的交易账户会显示持仓为 -100 股 AAPL。也就是说，之后必须把 100 股从市场中买回来还给券商。券商不要你账户里的钱，要的是之前借给你账户的股票。所以当 AAPL 股价下跌后，你可以用比你之前卖出时更低的价格买回 100 股，然后还给券商，从中赚取利润。

比如，AAPL 的股价目前为每股 100 美元，你认为，股价稍后将下跌，于是你向券商借了 100 股 AAPL。然后按照当时的价格（每股 100 美元）卖出，从而建立了 AAPL 股票的空头仓位。稍后等股价下跌至每股 90 美元，此时你买入 100 股还给券商。于是你每股获利 10 美元，在平仓后获利 1 000 美元。

但是如果苹果股票没有按你预想的下跌，而是上涨至每股 110 美元呢？在这种情况下，你还是必须买入 100 股还给券商，因为你欠券商的是股票，而不是现金，所以你将以每股 110 美元买入 100 股股票还给券商。这样你每股亏损 10 美元，100 股空头仓位平仓后总计亏损为 1 000 美元。

这就是通过做空来获取利润的基本思路。做空的操作很重要，因为在美国股市中，股价的下跌通常比上涨更快，即恐惧的力量往往比贪婪的力量更大。因此如果做空操作得当，可以趁恐慌性抛盘而获取大量利润。但需要强调的一点是，做空的风险高于做多！比如，当你做多某只单价10美元的股票，最糟的情况就是公司倒闭清算，而你每股最多亏损10美元，即百分百的亏损。虽然百分百的亏损很高，但是做多所承受的风险是有限的。反之，如果你做空某只单价10美元的股票，但股价不跌反涨，而且越来越高，你承受的风险就没有上限了，股价可能上涨到每股20美元，甚至100美元。此时你仍然需要还回股票给券商，如果你在单价为100美元时买回，则每股损失了90美元！这样，你不仅可能赔光账户里的所有资金，甚至如果没有足够的资金买入股票还给券商，还可能被券商控告。所以，做多的亏损最大为百分之百，而做空的亏损有可能无限大。作为新手，在做空股票时一定要谨慎。但是请不要误解我的意思，我认为，日内交易者对做多或做空都不应该有任何个人的偏好，做多和做空就像日内交易者的左右手一样，都必不可少。

在美国股市中，由于做空机制的存在，只要对股票走势判断正确，就算在熊市当中也能赚钱。而且由于没有股票在手中也能做空，使得庄家操控股价的难度空前加大。做空有助于维持市场平衡，将股价调整至反映合理价值的水平。如果没有做空机制，股价就很容易偏离其实际价值，可能造成市盈率高企。另外，如果没有做空机制，只要庄家控制了大部分流通股，股价就能完全按照庄家的意图上下波动。

你可能会有疑问，如果股价将要下跌，那拥有股票的券商为何不趁着股票价格还没下跌之时先卖掉股票，而愿意借出股票给空头呢？因为空头向券商借股票是需要支付利息的，一般是按照天数计算。券商一般持有股票的时间是一年或几年，他们并不在意股价的短期波动，因此他们愿意把

股票借给那些想借由短期操作而赚取差价的空头来赚取借出股票的利息。

正如上文提到的，做空一般被认为是风险较高的操作，有些交易者偏爱做多，他们只考虑低价买入，然后高价卖出。作为一名日内交易者，我对做多或做空没有任何偏好，股票价格走势出现适当的形态，我就会相应地做多或做空。

第五节
散户和机构

个人交易者，也被称为散户交易者，可能全职交易股票也可能兼职交易股票，但不为任何公司工作，只为自己工作。在美股市场中，散户交易者的交易量占整体市场的比例不大。根据摩根士丹利 2021 年的统计，散户投资者的交易量约占美国股票总交易量的 11%。市场上大多数的交易者是机构交易者，例如华尔街的投资银行、券商、基金公司，等等。机构交易者的大部分操作都采用复杂的电脑算法，这类大型机构账户中的日内交易，大多数并不由真人操作，而是电脑根据编写好的算法来进行操作。

你可能会有疑问，像你我这样的散户交易者，掌握的各方面的资源都很有限，怎么可能和那些机构交易者竞争呢？在日内交易中，大多数时候散户并不需要和机构竞争。机构花费巨额资金编写出来的电脑算法，不是用来"对付"散户的，而是要和其他机构竞争。机构和机构之间的多空竞争在市场中就像大象在拔河。我们散户的资金规模相对于机构来说是很小的。从资金量上来说，散户在市场中就像蚂蚁一样。蚂蚁不需要参与大象之间的拔河，只需要在出现获胜的一方后，爬到获胜的大象背上，和它们一起享受胜利的果实。另外，机构必须强制执行为数众多的交易，因为它们必须持续交易以保持市场的流动性。作为大象，机构必须一直参与拔河而不能松手。但是作为蚂蚁的散户交易者可以根据市场的发展而决定是否参与交易，等待最理想的入场时机。如果大象们拔河比赛正酣，没有决出胜利者，我们可以选择等待，直到获胜的一方出现。如果多头获胜，我们就顺势做多；如果空头获胜，我们就顺势做空。我们应该保持耐心，等待机会。等待是市场赋予散户的优势，但是遗憾的是绝大多数散户交易者因为过度交易，反而错失了他们的优势。他们无法保持耐心，也没有保持必要的自我克制，屈服于贪婪，参与到大象的拔河比赛中，进行了许多不必要的交易，最终失败。

相对于大象来说，蚂蚁的另外一个优势是灵活——在获利和止损[①]方面都同样灵活。散户可以在很短的时间内入场并迅速获利；如果出现亏损，也可以选择接受亏损然后快速平仓离场。这是因为散户交易者在日内交易时，受资金总额限制，每一次入场建立的仓位不会很大，一般是几百股或上千股，这样在需要平仓时只需要点一下鼠标，几秒钟内就可以迅速平仓离场。相比之下，机构交易者管理的仓位可能是几百万股或更多，规模如此庞大的仓位如果接受亏损出场，并不是点一下鼠标就能解决的事情。大多数情况，一只股票并不能在几秒钟内容纳几百万股的交易，一次性抛售可能会引发剧烈波动，从而导致无法控制亏损。事实上，优秀的散户交易者在一天当中能够轻松地承担大量微不足道的小额亏损，所以散户交易者应充分发挥自己的优势及时止损，一旦被止损就要立刻接受亏损平仓出场。

前面提到大多数机构都采用复杂的电脑算法。有些人认为散户也在电脑算法的打击范围以内，实在没有必要进行股票交易。在我看来，这神化了电脑算法。电脑算法其实是真人把交易策略数字化后形成的。股票市场

---

① 止损是指当某一笔交易出现的亏损达到预定数额时，立刻平仓离场，以避免形成更大的亏损。

一直在变化，永远充满不确定性，没有任何一种策略和算法可以包含所有可能的变数。金融交易需要了解行情和价格变化，更需要了解人性。处在变幻莫测的市场中，任何电脑算法都不可能容纳所有可能造成影响的变数，也不能完全排除主观的影响。我认为，无论采用什么算法，电脑都不可能绝对超越一个训练有素且严守纪律的日内交易者。

第六节
准备工作

在开始日内交易之前，你需要做好准备。不妨设想你经营了一家火锅店，你会在食材都没有准备好的情况下就开门迎客吗？当然不会，你必须在营业前准备就绪，日内交易也一样。那么在进行日内交易之前，你需要做哪些准备呢？

首先，工欲善其事，必先利其器。你需要一个带有键盘和鼠标的电脑。请一定要使用有键盘和鼠标的电脑来进行股票日内交易。关于能不能仅使用手机或平板电脑来进行日内交易，就我个人的经验而言，不管采用哪种日内交易的策略，最佳进场的时机往往只有几秒钟，需要用键盘和鼠标操作从而快速入场；而在加仓、止盈或平仓的过程中，也都需要使用键盘快速输入价格，或者使用快捷键。这些功能都无法在手机或平板上很好地实现。我个人觉得进行日内交易时最佳的工具是键盘和鼠标，而不是触摸屏的手机或平板。

其次，你需要在券商交易平台开设账户。券商是经营证券交易的公司，根据客户提交的订单来为客户买入或卖出股票。券商拥有相应的证券牌照，接受股票市场所在地法律和证监会等监管机构的监管。我们在选择券商时主要关注佣金、服务、资质等方面。请你在选择券商时一定要选择正规券商，这样才能保证自身的资金安全，最好可以多比较几家，选择最适合自己的券商。交易平台是交易者在交易过程中所使用的软件，一般包含股票报价、图表、技术指标等信息。交易者通过在交易平台上提交订单给券商来完成股票交易。大多数交易平台都支持股票日内交易。根据我个人的经验，各个平台之间的区别并不明显。在资金量不大的情况下，根据自己的喜好选择适合自己的交易平台即可。

最后，你需要启动资金。和其他创业一样，日内交易需要启动资金。包括购买电脑，以及准备用于交易的资金。另外需要注意的是，从事日内交易，你必须花一段时间学习和训练，才可能开始稳定盈利。在这之前，你需要准备足够的资金来维持学习阶段的生活，包括你日常的开销和学习的费用。充足的启动资金可以帮助新手有能力承担初学阶段的错误而不至于因为赔钱而被迫离场。如果资金准备不足，同时想要靠交易来谋生的交易者，往往会倾向于参与风险更高、回报更高的交易，这种情况往往会导致失败。

另外需要说明的是，美国证券交易委员会（United States Securities and Exchange Commission，简称 SEC）和美国金融业监管局（The Financial Industry Regulatory Authority，简称 FINRA）制定了一个限制日内交易的规则，此规则限制了交易者在一周内做日内交易的次数，如果你的交易账户净值少于 25 000 美元，这个限制就会生效。该规则规定，如果交易者的交易账户净值少于 25 000 美元，日内交易者在连续的 5 个交易日里面就只能进行最多 3 次日内交易。假如你买入一只股票，然后卖出它，又或者先做空一只股票然后又买入、平仓，这都会被认为是日内交易。所以，如果你想每天都进行日内交易，你需要保持交易账户净值高于 25 000 美元。

第七节
作为股票日内交易者的一天

作为全职日内交易者，在交易日的工作内容是固定不变的。每天的交易步骤为：早起，寻找交易标的，开盘后观察价格变化，寻找符合交易策略的交易机会，按照交易策略入场，订单管理，收盘，记录交易日记并反省今天的交易失误。以上的每一个步骤都不能省略，请务必记住，想成为一名成功的日内交易者，必须坚持在每个交易日都严格执行上述步骤。这些固定的步骤能让你更好地聚焦于交易策略的执行上，提高交易的成功率，同时也可以督促你反省自己做过的交易，让你逐步得到提升，从而成为更好的交易者。如果你能够专注于正确的步骤并且采取正确的方法，那么你一定能够成为一名稳定盈利的成功的日内交易者。

以我个人为例，我会在开盘前两小时起床。在纽约时间早上 8:30 开始寻找交易较热门的股票（当天的交易标的）。我会先专注于出现跳空走势的股票，然后浏览新闻，了解跳空走势的原因。我也会关注盘前交易量有巨大增加的股票（盘前交易量的增大意味着有更多交易者参与交易这只股票），并在 9:15 之前整理出一份观察清单。我一般会重点观察 3 ～ 5 只股票，并在 K 线图标记关键位（关键位的概念将在第六章介绍）。之后我会在电脑前等待早上 9:30 市场开盘。

从纽约时间早上 9:30 开始，一直到早上 11:00 左右，股票市场的成交情况最剧烈，行情波动也最剧烈，这是日内交易的最佳时段。成交量大，市场流动性充足，换言之，市场存在大量买家和卖家，无论入场和出场都非常容易成交。我通常会专注于这一时段，我的交易一般集中在开盘后的 1 ～ 2 小时。如果交易顺利，我可能在纽约时间早上 11:00 就达成当天的盈利目标，之后除非看到特别好的入场机会，否则我不会轻易入场。我一般不会进行盘前交易，这是因为市场流动性有限，参与交易的人也不多。在这种情况下，较大的仓位都无法顺利地入场和出场，只能交易非常小的仓位。在我看来，这种规模的仓位不太值得交易。当然如果不介意小规模操作，你可以尝试盘前交易。

我接触的部分兼职日内交易者，他们可能生活在其他时区，美国股市开盘时间可能是他们那里的晚上。这种情况下，他们主要在开盘最初的两小时内交易。

对于决定从事全职日内交易的交易者来说，每一天都要进行交易，无论是在真实账户还是在模拟账户上。每一天都要不间断地练习交易技巧，包括识别关键位、判断趋势、阅读二级报价等。这是你积累经验最重要的步骤，同时这也是你作为交易者一天的工作。

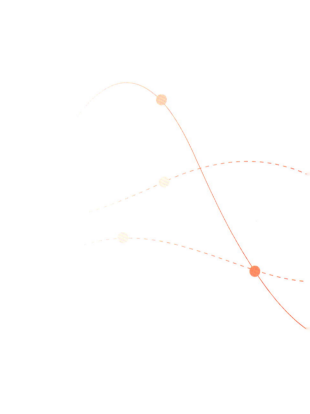

控制风险和管理情绪

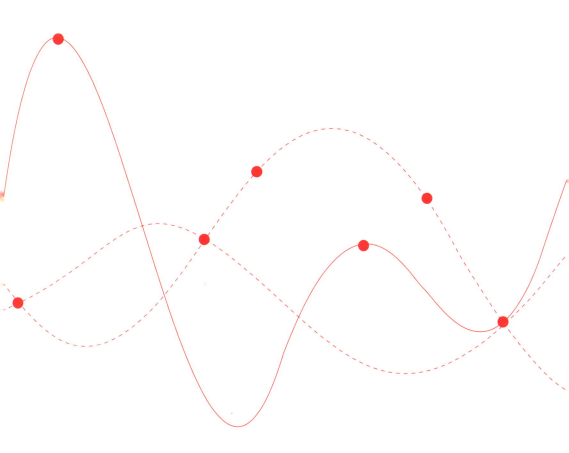

九年前，在我刚开始进行股票交易时，也许是运气，我在短短两天内就赚到了 8 000 美元。我当时志得意满，觉得自己已经掌握了日内交易的精髓。我当时天真地认为，股票交易是一件很容易的事情。但是，市场很快教育了我，我用同样的方式进行了第二笔交易，亏损；第三笔交易，亏损；第四笔交易，亏损……不到一周的时间，赚到的 8 000 美元就亏光了。我有一种如梦初醒的感觉，我清空了所有的仓位，开始思考我是不是应该继续从事股票交易……还好我坚持了下来，之后的我谨慎了许多，虚心了许多。后来我又花了很长一段时间，又经历了好几笔严重的亏损才终于摒弃了当初那种极度错误的认知。现在看来，在第一笔盈利的交易中，我根本不知道自己为什么盈利。我算是运气好的，因为我第一笔错误的交易幸运地赚钱了。很多人的第一笔错误交易就是他们在股市的最后一笔交易，因为他们在第一笔交易中就赔光了账户里的全部资金，不得不黯然离场，从此告别了股票交易。

为什么大多数进行股票日内交易的人都会失败呢？我认为有两个主要的原因。

一是有相当数量的新手交易者放弃得太早。要从股票交易中稳定获利需要积累经验，这样的能力不是来自阅读书籍，不是来自观看教学视频，而是来自真实的股票市场——在股票市场进行交易、犯错、找出错误、吸取教训、进步、再交易……在这个过程中去学习如何在不确定的股票市场中交易和获利。这是一个循序渐进的过程，是一个摸索前进的过程，是一个进两步退一步的过程。有些新手没能坚持走完这个过程，而是在成功之前就退出了。

二是有些新手交易者从一开始就没有把日内交易当作一份严肃

的工作，他们并没有将日内交易作为他们今后的事业，而是将其视为某种形式的赌博，以为可以迅速地致富或赚一笔意外之财。有这些想法的交易者，本质上并不是在进行股票的日内交易，而是为了寻找刺激，在市场上做短线赌博。他们通常不会投入足够的时间和精力去学习、发展和完善自己的交易系统。虽然他们可能凭运气赚了几笔，但是市场最终还是会给他们应有的教训。

初学股票日内交易的新手，请务必记住，你的竞争对手有华尔街的专业交易员，还有遍布世界各地经验老到的交易者，这些人都非常认真，拥有丰富的经验和稳定的心态，最重要的是他们决心要赚钱，因为股票交易是他们的工作。你应该要成为他们中的一员，所以千万不要忘了股票日内交易是一项事业，而且是很严肃的事业，你一定要认真对待。所以，对日内交易事业保持敬畏，对风险严格把控，并且从始至终保持良好的心态是成为成功的日内交易者必不可少的素质。

第一节
在市场中最重要的事情

总结这几年的日内交易经验，我觉得如果想在日内交易中稳定盈利，有三个前提至关重要：第一，掌握一套已经被证实可盈利的交易系统；第二，入场前知道自己每一笔交易的风险，即这笔交易可能亏损的最大金额（确切的止损位）；第三，良好的情绪管理，即能保持稳定的心态。这三个前

提就像一个稳固的三角形一样，彼此连接，缺一不可。在我看来，这其中最重要的一点，也是新手从第一天开始进行日内交易时就要重视的一点，就是要确切地知道每一笔交易的风险。只有在知道了每一笔交易的风险后，才不至于一笔交易就赌上账户里全部的资金，因为对于日内交易者来说，最重要的是能够在市场中"存活下来"。存活下来的意思是你永远有足够的资金进行下一次交易，不会因为一笔交易的亏损而失去重新再来的能力。虽然这听起来好像很容易，但是很多交易者做不到，最后只能放弃了日内交易。如果你能够在市场中存活下来，那么你一定会慢慢成为稳定盈利的交易者。

我认为，在学习阶段，新手日内交易者不应把注意力集中在资金增长上，而是要集中在资金保护上，把因亏损而导致交易生涯结束的可能性降至最低。同时，在分析日内交易者失败的原因时，我认为主要原因并不是交易技巧或交易策略有问题，而是交易者本身存在的问题。当一些日内交易者在交易中感到不顺利时，往往会学习更多的市场知识，研究新的策略，采用更多技术指标等以期提高自己的盈利水平。但是我认为，这些只是外部的因素，对日内交易来说，影响交易结果的更重要的因素是交易者本身，比如，缺乏纪律、冲动交易、过度交易……换言之，你自己才是你交易生涯中最大的问题所在，当然你自己也是解决这些问题的唯一方法。

第二节
正视亏损，坚决止损

在我们开始讨论任何股票交易技巧之前，需要先明确一个事实：在股票交易中，没有百分百可以盈利的方法，即亏损是股票交易的一部分。作为日内交易者，我们需要做的是管理亏损，而不是妄想消除亏损。

新手日内交易者会失败，其中一个原因是他们缺乏管理亏损的能力。盈利时平仓离场很容易，但是，至少对新手而言，亏损时平仓会困难很多，他们往往尽可能地拖延，希望有机会抹平亏损。他们想给这笔交易更多的时间，期待着反转的发生，但这种想法，往往会导致他们的账户出现巨额亏损。

想要成为成功的日内交易者，你不仅需要学会良好的风险管理方法，还必须严格执行。你必须明确地知道自己的止损位在哪里，明确什么时候必须出场，没有任何理由拖延。有时候交易者必须承认这笔交易的失败，告诉自己，我这笔交易赔钱了，我接受亏损，亏损是交易的一部分。在我看来，要想成为一名优秀的交易者，首先必须学会成为一个优秀的失败者——有风度地接受失败、接受亏损，然后平静地离场。如果一笔交易入场后进行得不顺利，那么交易者就应该接受亏损，平仓出局，这是交易的一部分。记住，你永远还有下一个盈利的机会。固执地坚守某个不利于你的仓位，只是为了不承认自己的错误，这是非常错误的交易心态。交易不是为了证明自己正确，交易的唯一目的是为了获利。在成为一名成功的日内交易者之前，先学习成为优秀的失败者，这一点非常重要，你必须学习接受亏损，这是日内交易中不可缺少的一部分。

本书所讲述的各种经典策略，只要你正确执行，长期坚持都可以盈利。但是请务必记住，你总有一些亏损的交易。即使是经验最丰富的交易者也会亏损，所以你也不可能例外，因为没有任何一种策略是可以保证每次都盈利的。

在经过了长时间的训练后，在积累了足够多的经验后，你会逐渐接受上面所陈述的简单事实：不可能每笔交易都赚钱。交易是一种基于概率的工作。比如，我目前可以在日内交易中稳定盈利，但是我仍然有大约四分

之一的交易会发生亏损，我也并不期待每一笔交易都会盈利。正如前文提到的贸易公司的例子，在运营实体的公司时也不可能每一天都赚钱。当生意冷清的时候，公司当天的收入甚至不足以支付房租，但是生意好的时候的收入就能抵消这些亏损。日内交易也一样，本质就是用大盈利抵消小亏损。

如果你去翻看成熟的交易者的交易记录，就会发现他们的交易记录中，有大量小额亏损的交易，每股亏损 3 美分、5 美分，甚至是 10 美分，但是基本不会有每股超过 25 美分的损失。理论上，每一种策略都包含止损位的设定，一旦止损被触发就必须接受亏损，平仓离场，没有任何持仓的理由。比如你这笔交易做多，但是入场后价格下跌，止损被触发，你就应该平仓离。接受了亏损，就是坚持了你的交易计划。但是如果你还是坚持持有仓位，这等于打破了你的交易计划。股价确实有可能在下 1 分钟就涨回来，但是也有可能会一直下跌，你的亏损是超出计划的。有时因为这超出计划的一笔交易，你的账户就可能失去全部资金。

日内交易者一定要把止损作为根本原则。不能按照计划止损的日内交易者是注定会失败的，这往往也是新手的通病。他们不愿意接受小亏损，因此小亏损往往会变成摧毁他们账户的大损失，从而使他们失去重新再来的能力。所以新手交易者在进行模拟交易时，就必须培养这方面的能力，只有当新手交易者明确了止损的重要性后才能开始实际交易。如果你不知道止损位在哪里，那就不应该入场交易，因为如果不知道止损位在哪里，就意味着你还没有做好交易计划。

在股市交易中，大量的学习与练习有助于建立对交易的正确认知。要从交易中获利，最重要的是需要知道如何做交易，以及如何提高和增加自己的交易技巧。一旦知道了什么才是真正重要的事，就能确认自己应该专注于哪一个方面，而成功的关键就在于掌握真正重要的事情。在真实的交易世界里，这些真正重要的事通常需要通过最艰难的方式，也就是通过亏损来学习。所以，请正视亏损，接受亏损。

第三节
盈亏比——盈利和亏损的比例

每当入场做交易时，你的资金就会暴露在亏损的风险之中。要尽可能地降低风险，就必须找到理想的盈亏比，建立适当的仓位，并且设置止损位。盈亏比是潜在盈利与潜在亏损之比。理想的盈亏比是指潜在盈利远高于潜在亏损。理想的盈亏比出现之时，就是日内交易最佳的入场机会。例如，某一笔交易可能亏损 100 美元，但是潜在盈利高达 300 美元，这种情况下，盈利和亏损的比例——盈亏比，为 3:1。可以简单地理解为你冒着亏损 1 元钱的风险去赚 3 元钱，对于股票日内交易来说，这是比较理想的盈亏比。反之，如果某个交易的潜在亏损是 100 美元，但潜在盈利只有 10 美元，则盈亏比为 1:10，即你冒着亏损 10 块钱的风险去赚 1 块钱，我相信基本没有人会这么做。就我个人而言，我一般只会进行盈亏比高于 2:1 的交易。

图 2.1 为 2022 年 6 月 6 日蔚来汽车股票（NIO）1 分钟走势图。图中央白色和红色的柱状图为 K 线，下方是 K 线对应的成交量；图右边的坐标是股价，图下方的坐标是时间；图中白色的 K 线为阳线，代表上涨；红色的 K 线为阴线，代表下跌。开盘后股价有一波下跌，在 9:46 形成双底结构，之后形成三角形区间（一种经典的交易策略，本书第六章会有详细介绍），上顶边为压力位 18.20 美元。当股价第三次触及 18.20 美元这个压力位后，在 9:55 向上放量突破压力位，此时我入场做多，成本价格为每股 18.23 美元。此时我设定的止损位在 18.20 美元的下方，即 18.18 美元。我的第一目标位为前高点，即开盘后第一个 K 线的高点 18.48 美元。这笔交易的潜

在亏损为每股 5 美分，潜在的盈利为每股 25 美分，盈亏比为 5:1，是一笔非常理想的交易。

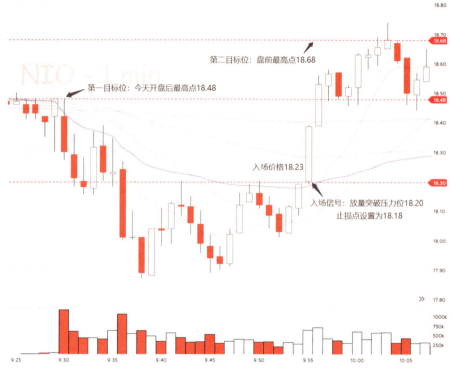

图 2.1　NIO 2022 年 6 月 6 日 1 分钟走势图（9:25—10:05）

接下来我们再看另一种情况。图 2.2 还是 2022 年 6 月 6 日 NIO 1 分钟走势图，此时 NIO 从 10:03 到 10:21 有一波明显的下跌趋势，在 10:23 跌破 VWAP[①] 后缩量回踩，出现倒锤头线，这是比较明显的入场做空的信号。如果此时入场做空，成本价格为每股 18.24 美元左右，止损位设置在倒锤头线顶部，价格为每股 18.32 美元，每股潜在的亏损为 8 美分。但是我放弃了这笔交易，因为这时离下面的压力位 18.20 美元很近。此时时间是

---

① VWAP 指成交量加权平均价格，此指标在日内交易中的作用将在后面的章节详细介绍。

10:24，我无法确定价格会不会向下跌破 18.20 美元。鉴于前面 18.20 美元是被验证过的压力位（此时已经转变为支撑位），我的第一目标位会设置在 18.20 美元，那么这笔交易潜在的盈利为 4 美分（18.24－18.20=0.04），所以这笔交易的盈亏比 1:2，即冒着亏损 2 美元的风险去赚 1 美元，这不是理想的盈亏比，我选择不交易。接着，在当天 10:48 时，即股价再次回踩了 18.20 美元后，我做空了 NIO，入场价格为每股 18.15 美元，止损位设置在 18.20 美元。这笔交易的第一目标位设置在 10:40 K 线价格的最低点，即 17.98 美元。此时，这笔交易每股潜在盈利为 18.15－17.98=0.17 美元，而潜在的亏损为 18.20－18.15=0.05 美元，即盈亏比为 0.17/0.05=3.4/1，是一笔有理想盈亏比的交易。新手在交易时有时会因为害怕错过机会而着急入场，这是错误的交易心态。不要怕错过机会，在没有合适的盈亏比出现前，不要贸然进入交易，要耐心等待，你永远有下一次机会。

图 2.2　NIO 2022 年 6 月 6 日 1 分钟走势图（10:10—10.50）

另外，我想从概率的角度来说明盈亏比的重要性。每位股票交易者都应该了解的数学期望公式：

期望=（盈利占比 × 平均盈利）−（亏损占比 × 平均亏损）

以上公式中，盈利占比为盈利的交易数量占交易总数的百分比；同理，亏损占比为亏损的交易数量占交易总数的百分比。在进行日内交易时，任何成功的交易策略的数学期望都应该是正数，这表示，长期看来使用该策略是盈利的。任何交易者都不应该采用数学期望是负数的交易策略。

假如你的账户里有 100 美元，每笔交易的总金额都为 10 美元，在进行了 10 次交易后，在盈亏比分别为 1:1、2:1、3:1 的情况下，你的收益情况如表 2.1 所示。

表 2.1 不同盈亏比下的收益情况

单位：美元

盈利占比 /%	盈亏比 1:1			盈亏比 2:1			盈亏比 3:1		
	盈	亏	收益	盈	亏	收益	盈	亏	收益
10	10	-90	-80	20	-90	-70	30	-90	-60
20	20	-80	-60	40	-80	-40	60	-80	-20
30	30	-70	-40	60	-70	-10	90	-70	20
40	40	-60	-20	80	-60	20	120	-60	60
50	50	-50	0	100	-50	50	150	-50	100
60	60	-40	20	120	-40	80	180	-40	140
70	70	-30	40	140	-30	110	210	-30	180
80	80	-20	60	160	-20	140	240	-20	220
90	90	-10	80	180	-10	170	270	-10	160
100	100	0	100	200	0	200	300	0	300

当盈亏比为 1:1 时，每笔交易如果盈利则赚 10 美元，亏损则赔 10 美

元。如果每笔交易的胜率是 50%，即一半赚钱、一半亏损，收益为 0，即不赚不亏。在盈亏比为 2:1 时，每笔交易如果盈利则赚 20 美元，亏损则赔 10 美元。在这样的情况下，胜率在 50% 时，你的收益是 50 美元，即赚了 50 美元。这说明在胜率不变的情况下，如果你选择做盈亏比 2:1 的交易，相比于做盈亏比 1:1 的交易，你的账户总资金可以增加 50%。进一步说，如果你做盈亏比为 3:1 的交易，其他条件不变的情况下，你的账户总资金将增加 100%。

那是不是盈亏比越高越好呢？不是的，因为盈亏比在提高的同时，潜在的交易机会也在下降。比如，从开盘到收盘的六个半小时内，某只股票盈亏比为 1:1 的交易机会有 20 次，盈亏比达到 2:1 的交易机会有 5 次，而盈亏比达到 3:1 的交易机会可能只有 1 次。如果要求盈亏比再继续提高，可能当天这只股票都没有交易机会。我接触到的日内交易者中，选择在盈亏比为 1.5:1 和 2:1 时入场的人数最多，少有选择盈亏比 3:1 的。就我个人来说，当盈亏比达到 2:1 时，我就会选择进行这笔交易。

综上，在日内交易时，要尽量寻找高盈亏比的交易，如果没有符合盈亏比条件的机会，那就不要入场，耐心等待。日内交易者永远在寻找高盈利、低风险的机会。需要强调的是，要在日内交易中寻找高盈亏比的交易是不容易的，需要高度的耐心。你要不停地观察不同的个股，等待机会的出现。如果你正在观察的股票没有提供很好的盈亏比，那就继续观察，一定不要勉强入场。高盈亏比的交易机会是靠等出来的。获利的日内交易者，往往会在一天之内不停地搜寻和观察具有理想盈亏比的交易机会，绝对不会轻易入场交易。

第四节
风险管理

对日内交易者来说，风险管理至关重要。每当你在交易平台上点击"买入"时，你的资金就暴露在风险之中。请记住，盈利多少是由市场决定的，亏损多少是由交易者自己决定的。

总的来说，学会某个交易策略是容易的。有一些交易策略学起来就像学游泳一样，学会之后就再也不会忘记。比如，如果你已经熟练掌握某个交易策略，每当看到相对应的 K 线形态，你就会条件反射使用这个交易策略。但是，如果想要在日内交易中获得真正的成功，交易者必须随时提醒自己管理风险。交易者一旦过分自信，认为自己比市场更聪明，或认为自己不需要再保持警惕，那么市场就会提醒你，这时你往往会出现亏损，那是市场在纠正你错误的想法。

迅速做出决定、制定交易规则并坚决执行，等等，这些都是交易者在市场里获得成功的关键要素。不过我认为，日内交易者所做的每一件事，最终都会回归到风险管理上，这是成功的日内交易者必须理解的最重要的概念之一。甚至可以说日内交易者一整天在做的事情就是在管理风险，你必须培养管理风险的能力，才能成为成功的日内交易者。

风险管理贯穿日内交易的整个交易过程。首先，在入场前你就要注意对风险的控制，交易前你需要确定你是否选择了正确的股票进行交易。请记住，风险管理是从选择正确的股票开始。即使是成功率最高的交易策略，如果选择了错误的股票，仍然可能会赔钱。简单来说，你应该避免的股票包括：机构交易者大量介入的股票；成交量相对小的股票；毛票股[①]，也

---

① 毛票股，即 Penny Stock，指美股市场中股票价格低于 1 美元的股票。

就是股价容易受人为操控的股票；以及没有理由出现行情的股票。在下一章，我将详细解释如何寻找适合日内交易的股票，以及这些股票应该具备的条件。其次，在交易前，你需要确定应该用多大的仓位进行交易。是 1 股、10 股、100 股还是 1 000 股？这取决于你的账户规模，以及你每日的盈利目标。如果你每日的目标是盈利 1 000 美元，那么 10 股或 20 股显然不够，你必须扩大仓位规模甚至扩大账户规模。如果你的资金不足以每天赚取 1 000 美元，那么就应该降低目标。请记住，在设定每一天的盈利目标时，也要考虑自己每天可以承受的亏损极限。因为如果提高每天的盈利目标，就意味着你将把更多的资金暴露在风险中，亏损的风险也会相应增加。根据我的经验，我在经过大概一年的学习和训练后，账户里可使用的资金是 30 000 美元，我每天的盈利目标是账户总资金的 1%～2%，即 300～600 美元。

在风险管理中，对于日内交易者来说，我认为最重要的是 1% 法则，即每一笔交易所承担的风险都绝对不可以超过交易账户总资金的 1%。这明确了每笔交易你能承受的亏损是多少。举例来说，如果你的交易账户里有 30 000 美元，那么，你每一笔日内交易所暴露的风险不应该超过这一笔资金的 1%，也就是 300 美元，你必须将这一点列为不可动摇的铁一般的法则。如果你看到一个理想的交易机会，但是潜在的风险可能会超过账户总资金的 1%，那么你应该做的是，要么减小仓位的规模，要么放弃这次交易机会。换言之，你进行的每一笔交易都必须确保至少有 99% 的账户资金是安全的。我的每一笔日内交易的止损位的设定都遵循 1% 原则，即每一次在设定止损位时，我都要先考虑损失会不会超过账户规模所允许承受的最大金额。总之，在日内交易时，如果这笔交易被止损时将造成 500 美元的亏损，而你的账户能够承担的最大损失却只有 300 美元，那么你应该考虑减少仓位，即减少交易股数，或放弃这次交易机会，转而等待其他交

易机会。

　　成熟的日内交易者只接受计划内的交易机会。他们知道没有人可以控制市场的发展，也不可能控制每一笔交易的成败，他们会严格遵守制订的计划，有效地管理风险。很多新手认为，获利的日子就是好的交易日，但其实不是。我认为，好的交易日是指你严格遵守了你的交易纪律，执行了交易计划，没有一次违反自己的交易计划的日子。股市变幻莫测，在某些交易里赔钱也是正常的，你只要坚持了自己的交易计划，遵守了交易纪律，亏损的日子也不是坏的交易日。

　　具体到每笔交易中对风险的管理，我一般会进行如下五步。

　　第一步，设定这笔交易能承受的最大程度的总亏损金额，即绝不能超过账户总资金的1%。

　　第二步，估计潜在的每股亏损金额，也就是入场价格和止损位之间的差额。

　　第三步，将总亏损金额除以每股亏损金额，得到数值 A。

　　第四步，将账户总资金除以每股的股价，得到数值 B。

　　第五步，选择 A 和 B 中较小的数值，即为这笔交易的最大仓位数。

　　还是以图 2.1 为例。第一步，假设当天我的交易账户总金额为 25 000 美元，那么 1% 为 250 美元，即对于这笔交易，我的账户能承受的最大总亏损金额为 250 美元。第二步，等股价突破压力位后入场。此时止损位设置在 18.18 美元，入场股价在 18.22 美元左右，估计潜在的每股亏损为 4 美分左右。因为股价在随时变动，入场后的价格可能会有 1～2 美分的差别，所以我一般会多加 2 美分的空间，即预估每股亏损为 6 美分。第三步，用总亏损 250 美元除以每股亏损 6 美分，即 A=25 000/6=4 166.67。第四步，用账户总资金 25 000 美元除以每股股价 18.22 美元，即 B=25 000/18.22=1 372.12。第五步，比较 A 和 B，选择较小的数值，即 B，这笔交易的最大仓位数为 1 372 股。因为这笔交易的止损位非常小，换句话说，这笔交易的风险非常小，所以这笔交易等于是用账户全部资金满仓入场。

以上的五步需要在极短时间内完成，你可能会觉得很难。当你盯着盘面，随时准备进场交易的时候，恐怕很难根据账户可承担的最大亏损和每股潜在亏损去计算出仓位。你往往只有几秒钟的时间，否则就有可能错失入场的机会。在实际进行交易的过程中，进行这样快速的计算确实不容易，这需要长时间的练习。我建议新手应该至少在模拟盘进行为期两个月的模拟交易。经过这样的练习，你会惊讶地发现原来你可以如此快速地计算，甚至是在有压力的情况下。

第五节
学会在压力下做出决策

股票交易是很有压力的，而日内交易可能是所有交易形式中压力最大的一种。有时一个失误，就可能毁掉你一周的努力。如果你觉得压力太大难以承受，那么，你可以先停止交易，做一些别的事情缓解自己的压力，直到确定自己的心情已经恢复平静，而且能够保持专注，再重新入场交易。每当我由于失误造成损失之后，我可能会暂停交易几个小时。等我的心绪平静下来，反思了自己的错误，找到了失误的原因，我才会重新开始交易。

针对每一笔交易，入场前你都应该问自己如下的问题：

• 这应该采用哪一种策略？现在的走势是不是符合这种策略？

• 我的止损位在哪里？

• 我的预期盈利是多少？

• 我入场的仓位应该是多少？

这就是很多新手觉得日内交易很困难的地方。进入一笔交易前，针对以上问题的决策是一系列的判断。在这个过程中，不是只考虑一件事，而是要考虑多件事，并且是在压力下考虑多件事。

所有的日内交易者都在承受这种压力，我也一样。有一次我的交易不顺利，当天账户处于亏损的状态，当时出现了一个非常好的交易机会，我应该果断入场建仓，但是当时我的大脑一片空白，我甚至忘记了应该在屏幕上点击哪里去买入……当在承受很大的压力时，任何人都可能出现这样的情况。但是请记住，随着你拥有的交易经验越来越多，你会逐渐习惯这种压力，并且有可能会喜欢上这种在压力下做决定的感觉。我觉得，日内交易中真正的成就感不只来自你获得了盈利，更来自你每一次在压力下做出了正确的决定。你做出了正确的决定，并坚决执行，那么盈利就是水到渠成的事情。

在压力下做出决策后要坚决地执行，但是需要强调的是，市场是永远在变化中的，如果在入场建仓后，发现行情和自己预想的不一致，千万不要固执地坚持自己的想法，你要永远跟随市场，而不要期望市场会跟随你。在股票交易中，固执是绝对不可取的交易态度，因为市场不会在意你的固执，市场只会按照自己的方式运行。作为交易者，你必须放弃自己的固执，并且去跟随市场的趋势。

第六节
稳定的情绪

在准备入场交易时，最常见的两种影响交易的情绪在英文中被称为FOMO 和 ROMO。FOMO——Fear of Missing Out，害怕错过入场机会，即害怕错过赚钱的机会。被 FOMO 情绪控制的日内交易者因为害怕错过机会，会经常过度交易，而过度交易时，你的账户亏损往往不受自己控制，等你反应过来的时候，你的账户可能已经出现大幅亏损了。另一种情绪是 ROMO——Regret Of Missing Out，后悔已经错过的入场机会。在交易中你发现了一只股票好像出现了入场机会，就在你犹豫不决时或你因为其他事情分心了，这只股票持续走高，直到你不敢追高。你会觉得后悔和懊恼。ROMO 情绪已经控制了你，你在接下来的交易中会时时回想起这只错过的股票，以至于交易其他股票时也做不好。新手时常会被这两种情绪控制，那么应该怎么做呢？我觉得，对情绪的控制，即保持稳定的心态，对日内交易者的成功至关重要。如果真的有 FOMO 或 ROMO 的情绪出现时，你只需要告诉自己，保持耐心，永远还有下一次机会，永远还有下一只股票。

在盘中进行了几次交易后，账户的盈亏是最容易影响交易者情绪的因素。交易盈利时，他们感觉良好；但是亏损时，他们就觉得沮丧、疑惑、挫败甚至自我怀疑，比如，开始怀疑自己采用的策略，甚至怀疑事业选择，他们因为陷入情绪而无法正确面对亏损。情绪化是日内交易的大敌，当交易者变得情绪化时，应该停止交易，做一些其他的事情来转移注意力，等情绪平复后再重新开始交易。

以我个人为例，在我刚开始实际交易时，每当我看到账户盈亏变化时，+300，-200，+500……往往会做出不理智的决定。比如，我看到仓位盈利就会迫不及待地想要锁定利润，即使股价还在趋势中且还没有达到目标位；而看到此时仓位亏损，尽管这笔交易已经到了止损位，但是我还是不愿意按计划接受亏损，反而持有这个仓位，期盼着股价反弹，直到亏损得更多才忍痛割肉离场。

所以在之后的日内交易中，我关闭了显示账户盈亏的功能，这对我的交易有很大的帮助。现在，我只有在收盘后才会查看当天的盈亏情况。我

认为，新手交易者在开始进行真实交易时，不要太在意交易的盈亏，尤其是仓位规模很小的时候。你此时的目标应该是强化对交易策略的执行，而不是盈利。你应该追求的是每天的每一笔交易都能更严格地执行你的交易策略。

成功的交易者关注的是每笔交易的执行，而不是交易的盈亏。在交易时，他们只专注于目标位和止损位，他们追求的是每一笔交易都被最完美地执行。成熟的交易者会接受每一笔盈利或亏损的交易，将盈利和亏损都视为交易的一部分，他们不会因为一笔交易的盈亏而影响自己的情绪和心态。训练自己控制情绪的能力和培养稳定的心态，这都需要时间，但的确可以帮助你更有效地执行你的交易决策。以我个人的经验来看，当我学会在交易时控制情绪和保持心态稳定后，我才开始真正地稳定盈利。如果交易者不能有效地管理自己或控制自己的情绪，那么任何完美的交易系统恐怕都难以持续地盈利。

有时即便你没有亏损，情绪也可能会被股价的走势所影响。比如，你发现交易机会后入场做多，但是股价突然下跌，你发现情况不对马上平仓，这笔交易你可能还小赚几个美分。但是随后股价强力拉升没有再给你入场的机会，这种情况对情绪的影响非常大，错过可以盈利的机会比实际亏损还让人沮丧。但在这种情况下，你的计划完全没有问题，所以即便你真的错过了这次入场的机会也没有关系，你可以等待回调的机会再入场或者交易其他股票。请记住市场永远会为你提供下一次机会，错过的交易就让它过去。

在这笔交易中你没有做错任何地方，这种难以预测的情况在股票市场中时有发生，不能因为这种小概率的事件而怀疑自己的交易技巧，甚至怀疑自己交易策略的有效性。市场的不确定性确实有时会让你没有理由地亏损，但不要根据一笔交易的成败来判断一个交易策略是否有效。按照你的交易策略执行计划，保持原则就能获得长期的成功。

股票交易可以让你更了解自己，包括你控制情绪的水平和性格中的弱点。单从这些收获来说，从事日内交易就已经是宝贵的人生经历了。

第七节
善用模拟盘

日内交易的成功不依靠任何特殊的交易策略或指标，而是由解读市场的能力、辨识多空强弱的能力、控制风险的能力等综合决定的，这是一个动态的、主观的过程。为了掌握这一过程，所有的交易者都需要大量反复地练习。这是一个通过聚焦特定问题反复练习直至解决问题的过程，我们不断地分析结果，找出可能改进的地方，然后重复，就像我们学骑自行车一样，尝试、跌倒、继续尝试、进步……而对于日内交易者来说，大量反复的练习是必须的，而模拟盘就是日内交易者进行练习的起点。

模拟盘（模拟账户）是指交易平台提供的模拟的市场环境，让交易者可以模仿真实的交易，但是不使用真实的资金。简单来说，模拟盘让交易者可以不用"真钱"交易。我认为模拟盘对于日内交易者来说是必要的。刚开始学习日内交易的新手，在真正进行资金交易之前，务必要在模拟盘上进行至少两个月的练习。如果有人在没有经过模拟盘训练的情况下就开始真实交易，我认为那必将导致账户的亏损。日内交易和其他高门槛的行业一样，都必须接受足够的教育，进行足够的训练。你能想象去读了一两本医学杂志就能成为外科医生吗？你能想象只看了一两个编程教学视频就能成为一个合格的程序员吗？显然不可能。日内交易也不例外。这些专业性很强的工作都需要大量的学习和训练。目前，大多数交易平台或一些网

站可提供模拟盘供新手练习。

在模拟盘进行交易时，你设置的资本总金额应该和你之后在实际交易时的账户总金额一致。比如，大多数新手交易者的账户总金额为 25 000 ～ 30 000 美元。那么，你在模拟盘上练习时就不能把模拟账户总金额设为 1 000 万美元，然后在一次十几分钟的交易里就面不改色地赔掉一半。这样的模拟交易毫无意义。亏损在模拟账户里是很轻松的，但是在真实的市场中，你会轻松接受这样的亏损程度吗？模拟账户中的金额应该与实际交易中一致，否则在模拟盘上的练习就失去了意义。

在模拟盘进行交易时，你可以尝试本书稍后介绍的各种策略，通过模拟盘先了解这些策略的基本方法和思想，然后再从中找出一种最适合你自己的，一般来说这往往是你胜率最高、盈利最大的一种策略。这个过程至少需要两个月，请一定要在这两个月内，克制自己想在真实的股票市场里用真金白银交易的想法。

当你从模拟盘转到实盘交易时，你可能会觉得害怕，这是很正常的。不安和害怕是因为你还没有在实盘成功交易的经验，你需要的只是一笔成功的交易，就可以克服这种恐惧。

一般而言，在模拟盘可以保持稳定盈利的交易者，在转到真实的市场后，往往盈利会大幅下降，甚至亏损。这是正常的情况，毕竟用"真钱"交易和用"数字"交易背后是两种完全不同的心态。在这个过程中，你需要调整自己的主观心态，从小仓位开始慢慢适应真实的市场，适应使用真金白银买卖股票的感觉，然后逐渐加大仓位，大概几个月你就可以重新实现与模拟盘交易相当的盈利和胜率。需要强调的是，在刚刚转为真实交易时，采用的交易仓位不要大，这样才不至于承受太大的压力。

当然，你可能在转到实盘交易后就开始盈利，但是我强调的是稳定的盈利，这需要你花费更长的时间去实现。我建议新手交易者在刚刚转到实盘交易的最初六个月内，不要关注账户的盈亏。最初的这几个月你应该把它看作为终生的事业奠定基础的阶段。你可以想得更长远一点，比如，假设你从事日内交易十年之后再回头看，你还会觉得最初六个月的盈亏结果很重要吗？这段时间对于日内交易者来说，可以当作真实交易前的实习期，相较于高收入的程序员或者专科医生长达好几年的实习期，几个月的实习期确实不算长。

对于刚刚从模拟盘转到实盘的交易者，如果在实盘交易中遇到几笔不顺利的交易（这里的不顺利并不是指交易出现亏损，而是指因为失误造成交易亏损），你不能轻易地关掉电脑，结束当天的交易。你需要冷静下来，让自己的心态恢复平稳，然后暂时转到模拟账户，继续交易，直到收盘。模拟盘带来的心理压力是远远低于实盘交易的，但是在模拟盘上练习可以强化你对交易策略的执行。

有一些初学者想走捷径，试图跳过模拟盘，或是在模拟盘上练习的时间不够，而急于进行实盘交易，这样的结果往往都是账户亏损，最后只能放弃日内交易。请记住，任何成功的交易者都是从模拟盘开始，一步一步学习和训练，每一步站稳了之后，才会迈出第二步，因为每一步都是迈出下一步的前提。

第八节
健康的身心是必要的

对日内交易者来说，关注自己的身心健康是非常必要的。在我看来，从事日内交易工作的人，可能是非常爱惜自己身体的一群人。因为日内交易者的反应速度和精力，以及整体的健康状态，都会影响每天的交易结果。

不重视身心健康的人是不可能在日内交易中获得成功的。

当个人状态不好时，比如身心疲惫、情绪紧张或生病时，多少都会影响交易时的专注程度。还有失眠或缺乏运动都可能影响交易时的状态。我们都知道心理情绪经常受到生理状态的影响，甚至吃什么、吃多少都会有影响。如果你想把日内交易作为你今后的事业，那么不妨就从现在开始，调整自己的生活状态，爱惜身体，坚持均衡的饮食，保证充分的睡眠和规律的运动，尽可能地让自己的身心保持在巅峰状态。

为了保持健康，我认为需要做到三方面：健康的饮食、规律的运动和充足的睡眠。前两个方面很容易做到，但睡眠，日内交易者需要格外注意。一定不要在疲劳状态下进行日内交易，就像一定不要在疲劳状态下开车一样。也许你觉得偶尔熬夜对你来说不是什么大问题，毕竟你可以很容易地在空闲时间补觉，但是，如果睡眠的缺乏超出了偶尔熬夜的范围，成为一种习惯，累积的疲劳就会直接影响你的精神状态和你的交易能力，这对于日内交易者来说是不可取的。疲劳会导致交易时的注意力下降、决策时犹豫，从而引起交易计划的不一致的和无纪律地执行，最终导致本不该出现的亏损。

我建议立志于从事日内交易的新手每天至少要保证连续睡眠 8 个小时，让你的身体得到充分的休息，使精力得以恢复，充满能量。如果你出现以下这三种情况之一：

第一，过去 24 小时内睡眠时间不足 5 小时；

第二，过去 48 小时内睡眠时间不足 12 小时；

第三，从上一次睡醒起，清醒的时间比过去 48 小时内睡眠的时间长。

我建议你当天不要交易，而是应该马上去休息。

另外，交易以外的个人生活也可能会影响交易表现。例如，感情不顺、家人生病等，都有可能影响你作为交易者的专注程度和决策能力。如果真的发生了严重影响你情绪的事情，我建议你可以停止日内交易一段时间，等处理好事情之后再开始交易。你可以开始尝试在记录你每日交易成绩（即交易日记，在本书第八章会有详细介绍）的同时，记录你每天的情绪状态，通过观察这两者之间的关联，相应地做一些调整。

盘前准备：
选择当天的交易标的

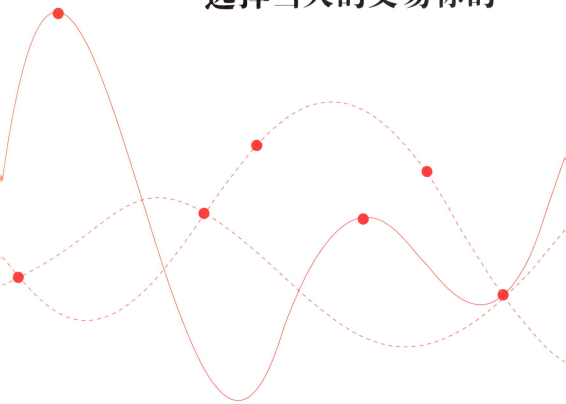

第一节
选择交易标的的思路

如上文提到的，散户相对于机构在日内交易中有众多优势，那这样是不是就意味着散户可以交易任何一只股票呢？当然不是的，进行日内交易的散户的利润来自行情的波动（不论上涨或下跌），但是如果股价呈现横盘走势，没有显著的波动，那么散户就没有机会赚钱。因此散户必须寻找那些可预测的、迅速上涨或迅速下跌的股票。

当天的交易标的是指交易日当天可能会有较大波动的适合进行日内交易的股票。苹果公司、谷歌公司、微软公司等的股票，可以作为日内交易的交易标的吗？可以，但是不推荐，因为这些都是大公司，走势相当缓慢，所以一般而言并不适合散户交易者进行日内交易。在日内交易时，我们应该优先选择有大量交易者同时关注的股票。任何日内交易的策略之所以有用，就在于其他交易者也是用同样的策略。同一种策略的使用者越多，该策略就越有效。越多人认同某种策略，采取相同买卖行动的人就越多；行情的参与者越多，对应价格的走势也发展得越快。不妨设想一下游乐园的场景，你独自坐过山车或旋转木马时，肯定没有一大群朋友一起玩那么开心。你必须把注意力放在其他交易者关注的股票上，专注于其当天出现的走势，这才是日内交易应该锁定的交易标的。

那么，你该如何确定大多数交易者关心哪一些股票呢？有几种方法可以帮助你。第一种是使用交易平台的扫描系统，价格显著向上或向下跳空的股票通常会吸引日内交易者的注意。寻找股价跳空的股票，这是日内交易者普遍使用的方法，我在后面会详细介绍。第二种是关注社交媒体上热门的股票，这些股票也可能吸引相当数量的日内交易者，比如，在Twitter、Reddit 等平台上寻找热门的股票。当年著名的游戏驿站（GME）事件，发起者就来自 Reddit 的社群 Wallstreetbets。这些散户通过在社交平台 Reddit 上联络，抱团逼空华尔街机构，导致做空 GME 股票的机构破产。如果你在这些社交平台上追踪一些交易者，那么你就可以知道多数人正在讨论的股票。如果你完全独立交易，在我看来，那就相当于独自坐过山车和旋转木马。你没有与其他交易者接触，因此不知道他们正在做什么，如果是这样，你的交易就可能会比较困难，因为你不知道多数参与者所关注的股票。

正如前文提到的，作为一名日内交易者，我们在交易时完全不考虑公司的基本面。日内交易者不是长期投资者，我们只关心那些在交易日当天会有大量日内交易者关注并参与交易的股票。同时应该尽量避免毛票股，因为其股价很容易被人为操纵，不适合日内交易的任何策略。每天开盘前，我会选出当天可能会有较大波动的股票，可能是蔚来汽车，可能是特斯拉……但我永远只会关注和交易那些市场最热门的股票。市场几乎每一天都有非常热门的股票，可能是因为其发布了财报，可能是因为发布了重大利多或利空消息，这些都会吸引大量的交易者。

日内交易者每天的工作都从挑选当天的交易标的开始。许多新手交易者不知道哪些股票适合做日内交易，也不知道如何寻找适合日内交易的股票，结果就误以为市场并不适合进行日内交易，或错误地认为通过日内交易无法赚钱。我理解这一想法，即使你是全世界最顶尖的日内交易者，如果你选择的股票不能走出趋势，成交量持续低迷，你也无法赚钱。交易没有成交量的股票，等于拿着你的资金浪费了一个交易日，你应该避免这种情况的发生。日内交易者必须有效地运用自己的时间和资金。事实上，我

们不仅希望股票能走出一段趋势，我们更想找出那些我们能够预先判断走势的股票。有些股票即使在盘中出现高达几美元的走势，但可能完全没有提供适当的入场机会。这些股票在盘中突然大幅走高或下跌，但产生这些趋势前没有显露出走势方向的痕迹，这样的股票不在我们的交易标的范围内。

第二节

相对成交量

那么该如何挑选交易标的呢？方法有很多种，而且没有唯一正确的方法。有的日内交易者只交易交易型开放式指数证券投资基金（Exchange Traded Fund，简称 ETF），比如 SPY（标普 500 ETF），QQQ（纳斯达克 100 ETF）等。有的交易者只交易指数期货，比如标普 500 的期货。大型投资银行的专业交易员往往只交易特定类别的股票，比如科技类股。有的交易者在一段时间内会固定交易几只甚至一只股票……作为散户交易者，因为资金有限，我们必须谨慎选择交易标的，以提高交易效率。

我认为，散户交易者只适合交易相对成交量大的股票。请注意，是相对成交量大，不是成交量大。以苹果公司股票（AAPL）为例，每天该股的成交量以百万甚至千万股计，另一些股票每天的成交量只有 50 万股，那是否意味着散户更应该交易苹果公司股票呢？不是的，所谓的相对成交量大，是指该股票某一天的成交量相对于其他天数的平均成交量而言，而不是指总体的成交量。在进行日内交易时，我们应该寻找的是某一天的成交量显著超过平常水平的股票，比如 AAPL 某一天有 500 万股的成交量，这是非常高的成交量，但是并没有高于其平均成交量，所以这天不应该交易苹果公司股票。如果成交量没有显著地超过正常水平，那就代表这只股票在当天没有大量新的交易者参与交易，而可能只是电脑算法在维持日常的流动性。

比如，如图 3.1 所示，在 2022 年 2 月 5 日到 4 月 4 日之间，成交量上黑色的虚线表示一般水平的日成交量，而成交量明显放大的有两天，2 月 24 日和 3 月 8 日。在这两天交易 AAPL 是效率比较高的，因为当天 AAPL 都走出了趋势。而这段时间其他的日子里，因为成交量没有明显增加，所以在这些交易日中，AAPL 不是理想的交易目标。

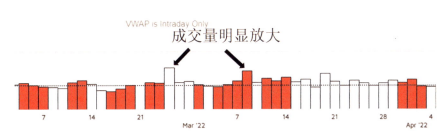

图 3.1 AAPL 2022 年 2 月 5 日到 2022 年 4 月 4 日日线图

那么相对成交量大意味着什么？一般来说，当天大盘走势疲软时，绝大多数股票都会下跌，无论是苹果公司股票、脸书股票、亚马逊股票……反之当大盘走势强劲时，绝大多数股票都会上涨。板块的情况也一样，比如当石油板块走势疲软时，大多数石油公司的股票都在下跌。判断大盘走势时，主要参考标准普尔500指数，其指数基金为SPY。如果SPY下跌，那么就意味着今天大盘疲软；反之，如果SPY走高就代表着今天整体市场强势。大多数板块也有相应的ETF，可以用来参考整体板块的走势，比如石油板块可以参考XLE，芯片版块可以参考SMH等。那么有没有股票可以不同于板块或大盘的走势呢？有，如果个别股票不跟随板块或大盘的走势，一般都是在其成交量加大的日子。所以，当个别股票出现远大于平常的成交量时，就意味着当天该股票的走势可能独立于相关板块和大盘，即成交量在当天突然增加的股票，涨跌可能不受大盘的影响。超出平常的成交量代表着有大量新的交易者参与这只股票的交易，作为日内交易者，你也应该参与交易这只股票。

一般而言，个股在某一天的成交量增加主要是源于消息面。这只股票往往在前一天收盘后或当天开盘前发生了一些新闻或事件，可能影响着公司的价值，从而引发股价的走势变化。这类新闻或事件一般包括：公司发布财报超预期或不及预期、公司间的合并、宣布新的投资、公司裁员、科技公司发布新产品、制药公司新药通过审批等。就我个人来说，凡是股价在盘前市场涨跌超过2%的股票，我都会查阅相关新闻来确定是不是可以将其作为当天的交易标的。

第三节

对股票的分类

在美股市场中，有 1 万多只股票，作为日内交易者，我们需要把这些股票进行一个大致的分类，以缩小我们选择交易标的的范围。一般日内交易者会从股票的流通量（Float）和公司的市值（Cap）这两个角度来分类股票。

股票的流通量是指上市公司的流通股中实际可供交易的股票数量，即可流通的股票数量。市值是指公司资产的市场价值，即公司现有股份数额乘以每股市场价值之值。以苹果公司为例，苹果公司的市值是 2 万亿美元左右，属于超级市值公司（Mega Cap）。这类公司的股票流通量巨大，每天的价格波动通常不会很剧烈，每天股价的变动最多几美元，通常不太适合作为日内交易的交易标的。有一些上市公司市值小，称为小型公司（Small Cap），其股票发行的数量很少，比如 Rain Oncology（RAIN），在市场上可供交易的股数就很少。如果有较多的买家介入就能轻易地推高股价，所以市场流通量少的股票股价波动通常比较剧烈，行情变化也可能比较快。

我从股票的流通量和公司的市值两个角度，将股票分为三类。

第一类是股票流通量小，即低于 2 500 万股，且股价在 10 美元以下的股票。这类股票的价格波动极端剧烈，一天之内可能出现 20%、50%，甚至 100% 的走势。日内交易者在交易这类股票时必须谨慎。比如，前面提到的 RAIN，这只股票的单日振幅达到 24.07%，即最高价和最低价之间的振荡幅度达到 24.07%。作为比较，苹果公司的单日振幅为 2.72%。在交易这类 10 美元以下的股票时，你可能通过一笔交易，就能让账户金额从 1 000 美元增加到 10 000 美元。但是，也可能一笔交易后，你账户里的 1 000 美元就变为 100 美元。流通量小的股票的走势很容易被人为操纵，

股票接下来的走势难以判断，无法管理风险。我一般不会参与这样的股票交易。我个人认为，由于风险极高，任何初学者甚至有一定经验的交易者都应该避免交易这类股票。本书中讨论的交易策略，大多数都不适用于这种流通量小且价格不足 10 美元的股票。

另外，一般情况下，你无法做空这类股票，因为做空意味着你必须向券商借股票，但券商很少借出这类价格剧烈波动的股票。即使券商会借给你股票，我也强烈建议新手不要试图做空，因为这类股票很大可能会在你毫无防备的时候会突然暴涨，你的交易账户会被瞬间摧毁。所以除非是机构的专业交易者，我并不建议其他交易者，尤其是散户交易者交易这类股票。

第二类股票的流通量中等，在 2 500 万股～ 10 亿股之间，股价在 10 ～ 100 美元之间。本书中介绍的策略都适用于这类股票。流通量中等，但是股价超过 100 美元的股票我一般不推荐散户交易者交易。因为其股价偏高，仓位往往受到股价限制导致交易的收益不大，股价超过 100 美元的股票大多数是机构交易者在参与交易。

第三类股票是超级市值的股票，比如苹果电脑、微软、谷歌等股票。这些知名企业的发行流通股数通常超过 10 亿股，而每天的成交量可能高达数百万股。只有当大型机构的交易者积极地买卖大部分仓位或有大量新进交易者交易时，这类股票才可能出现显著走势。对于我们散户交易者来说，这类股票除非交易量明显增大，否则并不适合进行日内交易。

综上所述，对于日内交易者来说，理想的交易目标应该是第二类股票——流通量中等，在 2 500 万股～ 10 亿股之间，且股价在 10 ～ 100 美元之间的股票。那么我们应该怎样从这个类别中找到当天的交易标的呢？

第四节

盘前选择交易标的

日内交易者的一天可以大概分为盘前、盘中和盘后三个阶段。盘前是指股票在当天开盘之前的一段时间。以美股为例，盘前是指交易日早上九点半（纽约时间）之前。作为日内交易者，盘前这段时间主要是做好当天交易的准备工作。盘中是指股市从开盘到收盘的这段时间，即早上九点半到下午四点。盘后是指股市收盘后的时间，即下午四点之后。

在盘前选择当天的交易标的时，我会先用交易平台自带的筛选功能，找出盘前跳空的股票。我选择的标准如下：

第一，盘前股价向上或向下跳空超过 2%；

第二，盘前市场股票成交量超过 10 万股，最好可以是平时盘前成交量的 1.5 倍以上；

第三，股票每天平均成交量超过 100 万股；

第四，真实波动幅度均值（ATR，下文会详细解释定义）至少 50 美分；

第五，有基本面的消息影响股价。

盘前向上或向下跳空的股票会吸引很多交易者入场交易，当天的成交量可能会远高于平时。同时，为了验证盘前价格变化是有基础成交量的，我会要求盘前市场股票成交量超过 10 万股。

股票每天平均成交量超过 100 万股是为了保证在开盘后的交易中，我可以顺利地买卖股票，即保证股票的流动性。对于我来说，每天平均成交量低于 100 万股的股票，我一般不会交易，因为我觉得这样的股票的市场流动性不够。作为日内交易者，我们需要个股有足够的市场流动性才能轻松地入场和出场。比如艾芬豪电气公司（IE），股价目前在每股 9 美元左右，

日平均成交量只有25万股左右。我一般是不会交易这样的股票的，因为流动性不够会导致入场和出场的价位无法确定。假设我看到IE目前股价是每股9美元，我准备做多1 000股，但是因为流动性不够，我不可能在9.00美元这个价格买到500股，最后1 000股的平均价格可能要到9.20美元，相当于这笔交易的成本每股增加了20美分。再者，当我发现趋势判断错误需要止损出场时，我准备在8.60美元止损，但是因为流动性不够，当我完成平仓1 000股后，我平仓的平均价格可能是8.30美元，相当于每股多损失了30美分，这样的交易是非常不划算的。这类流动性低的股票是不适合进行日内交易的。日内交易的交易标的，应该有充足的市场流动性以保证交易者能够顺利地入场和出场。

真实波动幅度均值（Average-true-range，简称ATR）是取一定时间周期内的股价波动幅度的移动平均值。在日线图中，ATR可以简单理解为该股价格每日平均变动的幅度。比如某只股票在日线图中ATR是1美元，则表示该股票每天的价格变动平均是1美元，这是相当有吸引力的价格变动，可以简单理解为如果交易1 000股，一天的潜在盈利就可能是1 000美元。反而如果某只股票ATR只有10美分，意味着如果交易1 000股，一天的潜在盈利为100美元，那这只股票就不怎么吸引日内交易者了。我一般会选择单日ATR至少是50美分的股票，这样才有足够的波动幅度来产生盈利。

在得到以上筛选的结果后，我会搜索与这几只股票相关的新闻，了解股价出现跳空缺口的原因。如果确实有新的基本面消息来支持股价的跳空，我会把这只股票列入当天交易标的的候选名单中。最后，我会从这几只股票中挑选3～5只，作为当天的交易标的，放入我的交易主屏幕中，而其他的股票我会作为我今天的观察目标，放入另一块屏幕中。

第五节
盘中选择交易标的

除了盘前选择的交易标的外，我在当天开盘后一小时左右（即纽约时间早上 10:30 左右，且此时我不在交易中）会注意寻找一些新的交易标的，因为有的股票在盘前没有跳空，但是在开盘后却有剧烈波动。

我在盘中选择交易标的时主要是按照板块来寻找，我会寻找两种板块。第一种是跟随当天大盘方向的板块，比如当天 SPY 上涨，我会在上涨的板块中，寻找涨得最多的板块，然后在这个板块中寻找涨得最多的 3 只个股。我还是会按照第二类股票的标准，即流通量在 2 500 万股～ 10 亿股之间，且股价在 10 ～ 100 美元之间的股票，来选择交易标的。这类股票如果之后出现下跌，我会耐心等待股价下跌到关键位后，观察对关键位的反应，寻找做多的机会。第二种是和大盘方向相反的板块，比如当天 SPY 上涨，我会搜索下跌的板块，在下跌最多的板块中寻找跌得最多的个股，同样用第二类股票标准筛选，将其放入观察名单。这类股票如果出现上涨，我会等股价上涨到关键位，寻找做空的机会。

大多数交易平台的软件都支持盘前或盘中的筛选功能，你只需要按照定好的标准，比如根据市值、流通数、成交量等众多指标进行筛选。作为新手，你面对的第一个挑战就是寻找每天的交易标的。你选择的交易标的有的会走出趋势，有的不会，甚至可能盘整一整天。请记住，日内交易者并不需要每个交易标的都走出大段的趋势，我们只需要在一个交易日中抓住一次或两次趋势，就能达到当天的盈利目标。

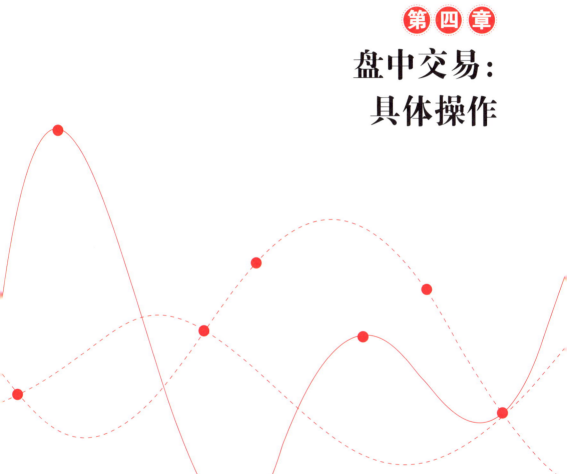

第四章

盘中交易：
具体操作

第一节

选择几分钟走势图?

在日内交易时，应该选择 1 分钟走势图、2 分钟走势图、3 分钟走势图，还是 5 分钟走势图？这个问题没有标准答案，我觉得都可以。时间范围越小的图，股价变化越明显，入场机会也越多，但是相应地，虚假的信号也越多，比如假突破的可能就越多。时间范围越大的图，入场机会越少，但是支持和压力位更有效，假突破的可能也较少。以我个人的习惯，我会在日内交易时看 5 分钟走势图来确定当天的价格趋势，寻找支持位和压力位（具体方法见本书第六章），然后看 1 分钟走势图来找入场机会和确定止损的位置。

第二节

如何下单

在交易平台中，一般都有明显的下单界面，下单时需要选择订单类型、股票代码、交易数量等，如图 4.1 所示。各平台的下单过程区别不大，但需要注意的是，有的平台只有买入和卖出两个选项，这种情况下，在空仓时卖出即等于做空（Short）；有的平台在买入和卖出两个选项之外，会把做空（Short）单独列出。

图 4.1　某交易平台的下单界面

在日内交易中，一般会使用到的订单类型有四种：市价单（Market）、限价单（Limit）、止损单（Stop）和止损限价单（Stop Limit）。在通过交易平台下单时，不管是买入还是卖出，都必须输入订单类型。这几种订单类型各有优劣，我们接下来分别介绍。

市价单是以当前市场价格执行订单，即不管价格多少立即买入或不管价格多少立即卖出。市价单的优点是成交率高，因为不计价格，市价单基本都可以成交。市价单的缺点是成交的价格会以当时买方或卖方报价中"较差"的价格成交。买方和卖方的报价之间存在差值，该差值即买家出的最高价格和卖家出的最低价格之间的差额，被称为价差（Spread，也被称为盘口价差）。

图 4.2 为塔吉特百货公司（TGT）在 2023 年 1 月 11 日纽约时间 14:26 的报价，左下角为买家最高报价 158.18 美元，右下角为卖家最低报价 158.23 美元，盘口价差为 5 美分。如果此时你想买入 TGT，以市价单买入，那么你的成交价格是买卖双方中高的价格，即 158.23 美元；如果你此时想卖出 TGT，以市价单卖出，那么你的成交价格是买卖双方中低的价格，即

158.18 美元。不管买入还是卖出，你的成交价格都是买卖双方报价中"较差"的。这种成交方式的风险在于，当行情快速变动时，价差会瞬间增大。例如你发现了一个做多的机会，此时股价突破重要压力位，开始上涨，大量买家涌入，此时你看到的报价是 9 美元。如果你选择市价单入场交易，那么你的成交价格（成本价格）是多少呢？可能会超过 9.5 美元，因为在股价剧烈变化时，价差会瞬间增大，相当于你每股的成本增加了 50 美分，这在日内交易中是不可接受的。

图 4.2　塔吉特百货公司（TGT）2023 年 1 月 11 日报价

　　限价单指定成交价格，只有达到指定价格或有更好的价格时才会执行。限价单的意思是按照这个价格买入，不能高于这个价格；或按照这个价格卖出，不能低于这个价格。换句话说，限价单的成交价格不一定是客户指定的价格，可能是"更好"的价格，即以更低价格买入，或以更高价格卖出。限价单明确了交易价格，从而避免了下单时出现意外价格的情况。但是限价单并不能保证订单可以成交，比如你在交易中发现了一个做多的机会，你在此时用限价单进行买入，但是如果股价上涨后，没有再回到你指定的价格，你的限价单就不会成交。卖出也是同理，如果股价没有上涨到你指定的价格，那么你的卖出订单就不会执行。换句话说，限价单相较于市价单，优点是可以在交易时获得更好的价格，缺点是有更大的概率不会成交，在日内交易中，这可能会导致错过交易机会。

　　止损单是指在订单中设置止损价格，需要输入一个指定的止损价（stop price），一旦股价到达所设定的止损价，将会以市价单的方式成交。请注意，虽然被称为止损单，但是实际上有止损和止盈两种作用，更准确的理解应该是"停止单"。比如，你认为 TGT 接下来会上涨，所以在价格为 158.13 美元时买入了 100 股，你设置的止损位为 157.99 美元并提交卖出止损单。接下来，TGT 没有按照你的预期上涨，反而下跌到 157.99 美元，你的止损单被触发执行，即在此时以市价单卖出你持有的 100 股，在这笔交易中止损单的作用是止损。反之，如果接下来上涨，你设置了止盈位（目标位）为 160.00 美元并提交卖出止损单，股价顺利上涨到 160.00 美元，触发止损单，即在此时以市价单卖出你所持有的 100 股，你成功锁定了 187 美元的利润，在这笔交易中止损单的作用是止盈。需要强调的是，当股价变动剧烈时，止损单不一定能起到止损的作用。比如在股价下跌很猛烈的时候，虽然设置在 10 美元处触发止损，但是因为可能跳空下跌，10 美元处没有买家买入，所以可能以市价 9 美元甚至更低的价格成交。

　　最后一种订单类型是止损限价单。止损限价单和止损单的不同之处在于，当股价到达所设定的止损价后，将会以限价单的方式成交。所以在设置止损限价单时，需要设置两个价格，一个是止损价，一个是限价。当做多时，止损限价单需要限价低于止损价。比如，假设你持有一只股票，成本价为 20 美元。为了避免该股票大幅下跌，你在市价为 20 美元时提交了一份止损价为 15 美元、订单价格为 14 美元的卖出止损限价单。如果此时股票交易价格降至 15 美元或以下时，自动以限价单提交，则订单有可能以 14 美元或更优的价格成交。做空时同理，止损限价单需要限价大于止损价。和限价单一样，止损限价单不一定可以成交，所以其与止损单相比，风险更大。比如做多时，如果你使用止损单则一定可以止损，尽管可能在相较止损位更低的价位成交；但是如果你使用止损限价单，当价格快速下

跌到止损限价以下时，这个订单就不会执行，损失就会一直扩大。

至于在日内交易中应该使用什么类型的订单，没有标准答案。我了解的日内交易者，基本都是混合使用，并没有对某一种类型有特殊偏爱。于我个人而言，我在交易成交量大的股票时，一般使用市价单和止损单较多；而在交易成交量相对较小的股票时，使用限价单和止损限价单较多。

在交易平台下单时，可以使用快捷键。快捷键是预先设定好的交易指令，可以让使用者快速地下单完成交易，包括建立仓位、平仓、设定止损等。设置快捷键可以比手动下单更加快速，尤其是在开盘阶段，使用快捷键可以快速地进场和出场，大多数交易平台都支持设置不同的快捷键。但是在使用快捷键时会有误触的风险，尤其是在仓位较大的情况下。比如，如果你此时应该做多，但是按错了快捷键变成了做空，那么损失就可能很惨重。目前有很多交易平台支持下多个订单，这样就降低了使用快捷键的必要性。我个人会使用简单的快捷键，包括建仓和平仓等。我认为快捷键可以使用，但是不宜编辑得太过复杂。

第三节
交易时需要关注的指标

股票的技术指标，本质上都是根据股价、成交量等计算出来的。市面上的技术指标种类繁多，对于我们日内交易者来说，应该怎么选择呢？首先需要强调的是，任何一种技术指标，都不可能保证在股市中赚钱。在日内交易中，绝对不可以仅以一种技术指标作为买入和卖出的标准。股市不是那么简单的。在复杂的金融市场里，没有一种指标可以包含全部的可能性。如果有人宣称自己发明了一种可以保证赚钱的指标，只要正确使用，就可以天天赚钱，那在我看来，这不过是为了推销这种指标的一种夸大的宣传而已，这种万能指标是不存在的。就我个人而言，在我的日内交易生涯中从来没有向他人购买过任何技术指标，我所使用的指标都是交易平台免费提供的。据我了解，确实有一些编程能力强的日内交易者会自己修改一些技术指标，但是没有花钱向他人购买技术指标的。日内交易者关注的是股价变化时多空双方力量的对比，这是一个复杂且综合的过程，不可能只靠一种技术指标来完成。

在交易时，我会尽量让我的交易页面保持简洁，显示尽量少的技术指标，因为日内交易需要在短时间内做出决定，如果有太多指标，可能会干扰我的判断。

图 4.3 是我在交易时观察的价格走势图。图中显示的内容有：K 线、成交量、10MA、20MA、50MA、200MA、VWAP、前一天的收盘价 8 个指标。

图 4.3　AAPL 在 2023 年 1 月 6 日的 1 分钟走势图

以上的 8 个指标，几乎所有的交易平台都免费提供。因为交易平台之间的差异，相同指标在不同平台可能有细微的差别，但是并不影响使用。

关于 K 线我将在后面的章节中详细说明。

成交量是单位时间内成交的数量。图 4.3 为 AAPL 在 2023 年 1 月 6 日的 1 分钟走势图，图下方展示成交量的每一根柱代表的时间都是 1 分钟。成交量的柱越长，代表在这 1 分钟内成交量越大，反之亦然。

移动平均线（Moving Average，MA），简称均线，是将一定时期内的股价加权平均，并把不同时间的平均值连接起来，形成一根移动平均线。在图 4.3 中，10MA 就代表 10 分钟的平均值，20MA 就代表 20 分钟的平均值，50MA、200MA 同理……MA 在确定价格趋势，判断支持和压力方面都有作用。在第六章介绍交易策略时会更加详细地说明 MA 的使用方法。

成交量加权平均价格 (Volume-weighted Average Price，VWAP)，是一种将成交量纳入平均价格计算出来的价格。对于日内交易者来说，VWAP 是最重要的一个指标，有众多交易策略都是围绕着 VWAP 进行的。简单来说，在日内交易中，当股价高于 VWAP 时，可以认为此时市场强势；当股价低于 VWAP 时，可以认为此时市场偏弱。VWAP 是日内交易中最重要的指标，任何时候都必须能被一眼从众多指标中找出，所以我把 VWAP 的颜色设置为显眼的紫色。

前一天的收盘价也是日内交易中一个重要的支持位或压力位，因为大部分进行波段交易的交易者会参考日线图。当天价格穿过昨日收盘价（向上或向下穿过）时，会引发波段交易者的加入，他们会依据昨天的收盘价来进行相应的买入或卖出。对日内交易来说，每当股价到达昨日收盘价附近时，成交量都可能增大，昨日收盘价可能是当天强力的支撑位或压力位。如图 4.3 所示，股价从 9:35 开始有一波下跌，直到 9:45，在昨日收盘价附近受到支撑，然后趋势反转，股价上涨。

第四节
二级报价

在美股交易中，有几种不同类型的交易报价，分别是一级报价（Level 1）、二级报价（Level 2）和三级报价（Level 3，此级报价仅限在美国证券交易商协会注册的做市商使用，不在我们的讨论范围内）。

Level 1，一级报价，又称一档行情或基本行情，是指股票目前的即时报价。如图 4.4 中包括了多只股票的即时报价、涨跌幅等信息，此类信息一般都由交易平台免费提供。

代码	名称	最新价	涨跌额	涨跌幅
AAPL	苹果	130.730	+0.580	0.45%
MSFT	微软	228.850	+1.730	0.76%
GOOG	谷歌-C	89.240	+0.440	0.50%
NFLX	奈飞	327.540	+12.370	3.92%
NVDA	英伟达	159.090	+2.810	1.80%
META	Meta Platforms	132.990	+3.520	2.72%
TSLA	特斯拉	118.850	-0.920	-0.77%

图 4.4　Level 1 图示

Level 2，二级报价，又称多档行情或者深度行情，是指多家交易所实时最优的股票报价。当交易者下单时，订单会通过不同的做市商进入市场。Level 2 会按照价格和下单的时间顺序显示所有参与者的买卖报价。日内交易者可以利用这些信息来预判后续可能的走势，这对日内交易而言是非常重要的信息。Level 2 在大多数平台是需要付费后才能使用的。

图 4.5 显示了某交易平台提供的 AAPL 在 2023 年 1 月 9 日纽约时间 13:00 的二级报价行情。图中左边的区域为买盘，显示买家愿意支付的价格；右边的区域为卖盘，显示卖家愿意卖出的价格。每一行都是一个不同的订单，每个订单价格后面的数字表示该订单有多少股的股票在等待被交易。

假设此时你想在 132.40 美元买入 AAPL，你就在交易平台内输入交易指令：Buy 100 at 132.40，你的交易订单将会显示在左边的区域，显示出 132.400 100，排在同样价格订单的最后一个。同样，如果你此时想卖出 AAPL，那么你的交易订单将出现在右边的区域。在 Level 2 上显示的交易订单，都是等候中的订单，并未成交，如果你的订单被执行（成交），那你的订单就会从 Level 2 上消失。

图 4.5　AAPL 二级报价

在日内交易中，二级报价（Level 2）是必不可少的信息，它可以提供价格行为的重要信息，包括买卖相关股票的交易者类型，以及该股票短期内可能的价格走势等。和其他所有的指标不同，二级报价是唯一可以显示交易发生之前信息的指标。其他的指标如 VWAP、均线等，都显示的是交易发生之后的信息。一般认为，在 Level 2 中，如果买方和卖方哪一边的订单多，就说明哪一边的力量大，价格就更可能向力量大的方向运动。但是请注意，Level 2 上订单的变化是很快的，其显示的订单可以随时被撤回，这就意味着你在 Level 2 上看到的订单不一定是准确的，所以一定不要只根据 Level 2 上订单的多少来进行交易。

除了可以提供买卖双方力量对比的信息外，Level 2 提供的另一个重要信息就是买卖的价差。一般来说，成交量越小的股票，流动性越差，价差也就越大，因为做市商对于股票交易的主导性更强，可以要求更高的价差。而成交量较大的股票，买卖的价差通常很小，可能只有 1 美分。可是如果市场开始波动，股价开始显著上涨或下跌，则买卖价差通常会增大。对于日内交易来说，几美分的价格差异都是重要的。

比如图 4.5 中 AAPL 的价格，买家最高价为 132.42 美元，卖家最低价为 132.43 美元，价差为 1 美分。此时，我们看到的即时股价为 132.42 美元，如果我们决定现在入场买入 100 股，使用市价单买入，我们的成交价将为每股 132.43 美元，每股因为价差多了 1 美分。因为 AAPL 的成交量大、流动性好，所以价差很小。

图 4.6 显示了家得宝（HD）在 2023 年 1 月 11 日纽约时间 14:00 的二级报价行情，可以看到此时的盘口价差为

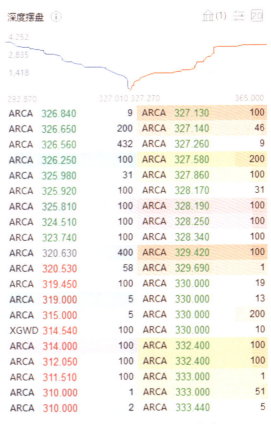

图 4.6　家得宝（HD）二级报价

327.13－326.84=0.29，即 29 美分。如果此时你准备交易 HD，以市价单入场，那么你可能看到的即时价格为 326.84 美元，但是你实际的成本价可能是 327.13 美元（实际交易中，如果使用市价单，成交价格一般会在买家和卖家的报价之间），那么每股的成本增加了 29 美分。作为日内交易者，应该尽量交易盘口价差小的股票。就我个人而言，我很少交易盘口价差在 10 美分以上的股票。

第五节

逐笔成交记录

逐笔成交记录是指所有在盘中交易的记录。图 4.7 显示的是脸书公司（META）在 2023 年 2 月 1 日收盘前 1 分钟的盘中逐笔记录。每一行都是一笔独立的已成交的订单。每一行的左边为成交时间，中间为成交价格，右边是成交数量（股数）。成交数量后面有一个箭头，箭头向上表示主动买入，即以卖方价格或更高的价格成交，同时成交数量的颜色为绿色（表示上涨）；箭头向下表示主动卖出，即以买方价格或更低的价格成交，同时成交数量的颜色为红色（表示下跌）；菱形表示为中性，即以卖方价格和买方价格之间的价格成交，同时成交数量的颜色为灰色。

在每一笔成交记录中，根据成交数量的多少，可以把股票的参与者分为三类。第一类是成交数量小于 100 股的，参与者大多是账户资金比较少的散户，非常少的成交数量是不会推动股价变化的，比如图 4.7 中成交的 25 股、10 股、6 股等。第二类是成交数量在 100～500 股的，参与者大多数是账户资金比较多的散户以及一部分机构交易者，这种成交数量同样不会推动股价的变化，比如图 4.7 中成交的 124 股、100 股等。第三类是成交数量在 500 股以上的，参与者大多数是机构交易者，这种成交数量会推动股价的变化。作为散户日内交易者，我们尤其要注意这样的成交记录，比如图 4.7 中成交的 695 股、815 股、4 346 股，这三笔已成交的大单都是主动买入，表示此时买方力量强，股价在持续上涨。

需要注意的是，有一些机构交易者在下单时会把本来的大单分成几个或几十个小单（一般会拆分成 100 股或 200 股的订单），这么做是为了防止被其他交易者发现其真实的交易意图。如果我们在观察盘中逐笔交易记录时发现大量连续的买入或卖出订单，而且成交数量基本都是 100 股或 200 股，那么这些连续的订单极有可能是机构交易者拆分的大单。

在交易时，散户交易者要注意分辨这些记录，如果没有大单参与，那么我们也不应该入场，要耐心等待大单出现后再考虑入场。当股价上涨时，盘中逐笔记录中会有大量连续的绿色的成交记录；相反，当股价下跌时，盘中逐笔记录中会有大量连续的红色的成交记录。当盘中逐笔记录加速出现时，表示此时成交量在增加，要尤其注意股价的变化，这有可能是比较好的入场机会。

META Meta Platforms
盘中逐笔

时间	价格	数量	
15:59	152.910	7	
15:59	152.920	25	▲
15:59	152.920	10	▲
15:59	152.920	6	▲
15:59	152.920	3	▲
15:59	152.920	2	▲
15:59	152.920	1	▲
15:59	152.920	695	▲
15:59	152.920	124	▲
15:59	152.920	815	▲
15:59	152.920	400	▲
15:59	152.910	100	◆
15:59	152.920	4	▲
15:59	152.920	2	▲
15:59	152.910	100	▼
15:59	152.910	100	▼
15:59	152.920	92	▲
15:59	152.920	37	▲
15:59	152.918	100	◆
15:59	152.910	40	▼
15:59	152.920	200	▲
15:59	152.920	10	▲
15:59	152.920	1	▲
15:59	152.920	1	▲
15:59	152.920	10	▲
15:59	152.920	1	▲
15:59	152.920	10	▲
15:59	152.920	100	▲
15:59	152.920	4346	▲
15:59	152.915	100	◆
15:59	152.915	200	◆
15:59	152.920	200	▲
15:59	152.915	100	◆

图 4.7　META 2023 年 2 月 1 日收盘前 1 分钟盘中逐笔记录

第六节
屏幕设置

在日内交易时，你并不需要眼花缭乱的屏幕设置，我目前主要使用三块屏幕。主屏幕在中间，在这块屏幕中显示的内容有：个股的 1 分钟走势图、5 分钟走势图和日线图；个股的二级报价；我账户持有的仓位情况；我还没成交的订单，比如止损单等。左边的屏幕会显示和大盘相关的内容：SPY 的 1 分钟走势图，各个板块的 ETF 的走势图等。左边屏幕也会显示当前的纽约时间，精确到秒。右边的屏幕是我用来观察当天的交易标的的，我会把选出的交易标的的 1 分钟走势图放在右边的屏幕，如果发现有可能有入场机会的个股，我会同时在中间的主屏幕显示这只股票来判断是否有符合交易策略的价格走势。

我一般不会在屏幕中固定一个位置来查看盘中的新闻，因为如果有可能影响价格的新闻播出，价格会有较大波动，此时再查看新闻可能会错过入场机会。我会在开盘前查询当天是否有可能影响大盘波动的新闻或数据，比如某天 14:00 美联储会公布会议纪要，我会在盘前就设置好提醒而不会在盘中查询。

股价的变化

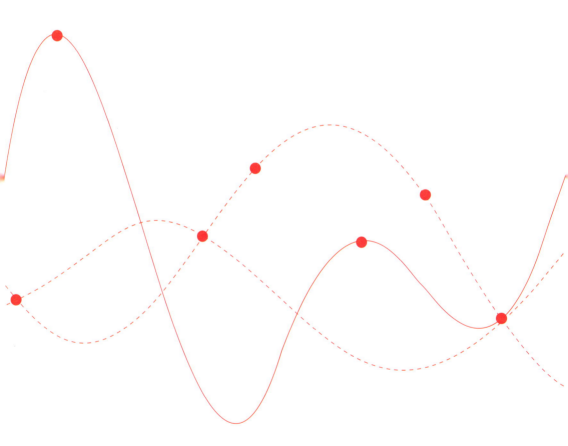

　　任何股票的交易方式的本质，都是在研究股价的变化。日内交易者对股价的变化更敏感，因为几分钱的变化都可以影响我们的交易决定。那么股价为什么会一直变化呢？从日内交易的角度来看，和其他商品一样，股价的变化是由供需关系决定的。

第一节
股价为什么会变化？

　　在讨论股价为什么会变化之前，我们先想想日常生活中的例子。回想一下当你外出旅游的时候，你在景区的商店里购买纪念品，和店主讨价还价。这时，作为消费者的你想尽可能地少花钱，店主作为卖家在卖东西的时候想尽可能地多赚钱，这是人之常情。股票市场中也是一样。买家在购买股票时，希望尽可能地支付低价；而卖家在卖出股票时，想尽可能地卖出高价。

　　那么是什么决定了在你外出旅游时想买的纪念品的价格呢？是设计？是做工？是材料？都有可能，但是这些都不是我们关注的重点，我们关注的是，当你在景区想购买纪念品的那个时候，纪念品价格为什么会变化？这就回到了经济学一条最基本的原则：商品价格是由供需关系决定的，当供大于求时，商品价格就低；当求大于供时，商品价格就高。如果在你买纪念品的同时，有一个大型旅游团，团里的几十人都想在这家景区里唯一的商店买同一款纪念品，那么卖家一定会提高价格（假设卖家提价或减价不受限制）。如果只有你一个人想买纪念品，而这个景区类似的纪念品商店有十几家，那么所有卖家一定会降价出售。从经济学来说就是如果需求压倒供给，导致价格上涨，价格将持续上涨，直到再没有买家愿意支付更高的价格。相应的，如果供给压倒需求，导致价格下跌，价格将持续下跌，直到再没有卖家愿意以更低的价格卖出。

股票和纪念品一样，如果在这一时刻，想买入的人（多头）更多，那么股价就会上涨；如果想卖出的人（空头）更多，那么股价就会下跌。这就是股价上涨或下跌的本质，就是由单纯的供需关系决定的。有的人会说，股价是由基本面决定的，是公司的好坏决定了股票的价格。这样说固然不错，但是这些就类似于纪念品的设计、做工、材料，不是日内交易者关注的。日内交易者关注的就是某个特定时间点的股票价格的变化，并以此作为我们买入或卖出的依据。

在股票市场中，多空双方的力量永远在达到平衡—不平衡—上涨或下跌—达到平衡的循环中。当达到平衡时，此时多空双方力量相当，股价会在此时盘整，不会出现大的波动。当不平衡时，可能是因为有新报道的新闻，可能是因为有新的机构看好这只股票……不论原因是什么，在不平衡时，多空力量出现差异：如果多头的力量大，那么股价会上涨；反之，如果空头的力量大，股价会下跌。此时，股价会走出一段趋势，直到达到某一个价格时多空双方的力量再一次平衡。在日内交易中，我们不会追究多空双方力量不平衡的原因（大多时候是找不到具体原因的，因为原因往往是综合的，不是单一的），我们只需要等待多空双方力量不平衡的时机，此时就是我们入场的机会，等到再一次达到平衡，就可能是我们平仓离场的时候。

股票的价格变化和景区商店里的纪念品一样，可以总结为以下几点：

第一，当需求大于供给，而且那些买家愿意支付更高的价格时，价格会上涨；

第二，价格一直上涨，直到买家需求全部被满足为止，或者说，直到

供给增长到足以吸收全部需求为止；

第三，当供给大于需求，而且那些卖家愿意以更低价格卖出时，价格下跌；

第四，价格一直下跌，直到卖家需求全部被满足为止，或者说，直到需求增长到足以吸收全部供给为止；

第五，价格变动是由供给和需求的失衡造成的，而供需失衡是此时买方和卖方力量的差距造成的。

第二节
交易心理

在任何一个时间点，股票市场中都同时存在三大类的交易者——买家、卖家，以及还在观望的交易者（观望者）。股票在任何一个时间点的价格，都是这三者之间的行为所共同决定的。其中观望者是推动价格上涨或下跌的关键。还是之前的例子，假设你是游客（买家），你在商店里为你想买的产品给出了报价，但是店主（卖家）并不想接受你的价格，他想要一个比你所提价格更高的卖价。正在你们讨价还价时，一个旅游团的游客涌入了商店，假如你真的很想要那个纪念品，你是会给出更高的价格买下，还是冒着商品被其中一个游客买走的风险而继续等待呢？此时的你作为买家需要做出选择。让我们再换一个角度，此时我们假设你是这家商店的店主（卖家），你知道这附近有好几家店都在销售同样的纪念品。当有买家和你讨价还价的时候，你会冒险继续等待这个买家提高他的报价，直到以你理想中的价格卖出商品，还是愿意以更低的价格把商品卖给这个买家以落袋为安？此时的你作为卖家也需要做出选择。股票市场也一样，买家和卖家都要在交易中做出选择。

在股票市场中，买家买入是因为他们预期股票价格将上涨，而大量买家买入股票的行为本身，也会促使股价升高，此时是买方控制市场，即多头市场。此时买家愿意支付的价格越来越高，而旁观者也会担心之后价格会越来越高，从而没有机会以较低的价格买入，即如果现在不买，稍后就必须支付更高的价格，所以此时，旁观者也加入市场，成为买家，一起推高股价。相反地，卖家卖出是因为他们预期价格将下跌，而大量卖家卖出股票的行为本身，也会促使股价下跌，此时是卖方控制市场，即空头市场。此时卖家愿意接受的价格越来越低，而旁观者因为害怕自己没有机会以更高价格卖出，即如果现在不卖，稍后就必须接受更低的价格，所以此时，旁观者也加入市场，成为卖家，造成股价下跌。总的来说，买家买入股票是因为贪婪（期待价格走高而盈利），而卖家卖出股票是因为恐惧（害怕价格越来越低）。

对于日内交易者而言，在作为旁观者观察市场时，目标就是观察买家与卖家之间的力量对比情况，判断哪一方将取得胜利，然后在适当的时机快速进入市场，跟随胜利的那一方（请回想前文提到的大象拔河的例子）。在股价的变化揭示买家和卖家的力量对比结果之前，成熟的交易者会耐心等待，此时的他们是耐心的观望者，他们会耐心等待力量对比的结果显现。

如何判断多空双方力量对比的结果呢？在日内交易时，我们主要借助K线。K线的形态可以透露很多关于股票市场的整体趋势，以及市场中买卖双方力量的对比情况。每一条K线都会形成偏多、偏空或者中性的形态，预示着多空双方哪一方占了上风。有时在关键位置出现的一根K线可以向我们显示买方和卖方的力量对比结果，这根K线就可能是我们的入场信号。

第三节
K 线形态

了解并掌握 K 线的形态是进行股票交易的基础，相关的书籍也非常丰富，为了方便读者理解稍后会讨论的交易策略，我先简单介绍一下和日内交易相关的 K 线知识。需要说明的一点是，大多数美股的交易平台常用绿色和红色来标注 K 线，绿色代表涨，红色代表跌，和 A 股刚好相反。不过目前大多数平台都支持自选颜色。在本书中，白色的 K 线表示上涨，即阳线；红色的 K 线表示下跌，即阴线。

在图 5.1 所示的多头 K 线中，左边两种为实体很长的长阳线，上下影线相对于实体来说比较短。这样的 K 线显示此时市场主要由多头控制，随后价格很可能继续上涨，即此时多头的力量大于空头的力量。图 5.1 右边的两种 K 线实际被归为一类，即锤头线。锤头线是实体很小的 K 线，上影线很短或没有，下影线很长。这种 K 线可以是阳线，也可以是阴线，但是实体的长度要远远小于下影线的长度。这样的 K 线显示市场上的空头曾成功把价格拉低，但多头发起反攻，推升股价，最终还是多头获胜。一根长长的下影线展示了多头战胜空头的过程。锤头线显示空头正在失去对市场的控制，是市场由空转多的转折，锤头线出现后股价可能会有一波上涨趋势。

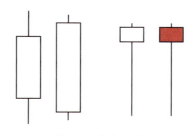

图 5.1　多头 K 线

如图 5.2 所示，2022 年 10 月 4 日，亚马逊公司股票（AMZN）在一波下跌后于纽约时间 13:20 形成一根锤头线，并且股票成交量明显增大，之后趋势反转，股价持续走高，此锤头线为明显的趋势反转的信号。

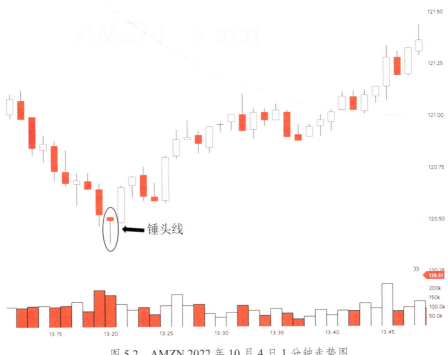

图 5.2　AMZN 2022 年 10 月 4 日 1 分钟走势图

在图 5.3 所示的空头 K 线中，与多头 K 线类似，左边两种为实体很长的长阴线，上下影线相对于实体来说比较短。这样的 K 线显示此时主要由空头控制市场，随后价格很可能继续下跌，即此时空头的力量大于多头的力量。与多头 K 线类似的，图 5.3 右边的两种 K 线实际被归为一类，即倒锤头线（也被称为流星线）。倒锤头线是实体很小的 K 线，下影线很短或没有，上影线很长。这种 K 线可以是阳线，也可以是阴线，但是实体的长度要远远小于上影线的长度。这样的 K 线显示市场上的多头曾成功把价格推高，但空头的力量最终胜出，成功把股价拉低。一根长长的上影线展示

了空头战胜多头的过程。倒锤头线显示多头正在失去对市场的控制，是市场由多转空的转折，倒锤头线出现后股价可能会有一波下跌趋势。

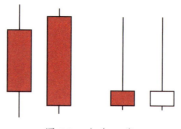

图 5.3　空头 K 线

如图 5.4 所示，2022 年 10 月 18 日，特斯拉公司股票（TSLA）在一波上涨后于纽约时间 10:15 形成一根倒锤头线，并且成交量明显增大，之后趋势反转，股价持续走低。

图 5.4　TSLA 2022 年 10 月 18 日 1 分钟走势图

日内交易者需要学会根据 K 线的形态判断多空双方力量的强弱，了解哪一方在此时取得市场的控制权。当多头控制市场时，你就绝对不应该建立空头仓位，反之亦然。

图 5.5 显示的是中性 K 线，左边的两种都被称为纺锤线，有较长的上下影线和较小的实体。右边的两种被称为十字星，实体非常小，上下影线较长。中性 K 线表示市场不确定，即多空双方势均力敌，没有任何一方能够控制市场，双方的力量拉扯还在继续。一般来说，中性 K 线所对应的成交量不大，因为此时大多数交易者都在场外观望，没有参与交易。

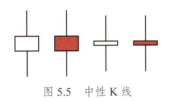

图 5.5　中性 K 线

除了以上的 K 线之外，还有很多特殊 K 线和 K 线组合：启明星、黄昏之星、红三兵、乌云盖顶、三只乌鸦、上升三曲……我个人认为记忆这类 K 线组合对日内交易帮助不大，有时甚至会误导我们的判断。作为日内交易者，我们关注的是在短时间内多空双方的力量对比结果，我们只需要了解与之相关的 K 线即可。另外，除了 K 线图外，还有美国线图、曲线图等其他走势图，但是我只使用 K 线图。我个人觉得使用 K 线图比其他走势图更适合日内交易，因为 K 线图可以清楚地呈现开盘价和收盘价，以及最高价和最低价的关系，展示其背后多空力量的对比情况，而长影线的出现往往是我们入场的信号。

第四节
量价分析

量价分析是一门专业且深奥的学科。在本书中，我只介绍与日内交易相关的量价分析的基础知识。我强烈建议读者阅读介绍量价分析的专业书籍。

我们先介绍量价分析的基本思路，即威科夫三大定律。

一是供求定律：当需求大于供给时，为了满足需求，价格将会上升；相反地，当供给大于需求时价格将会下跌。这和我们之前举的景区纪念品价格变化的例子相同。

二是因果定律：小规模的成交量变化将引起小范围的价格波动，反之亦然。如果有重大的起因，那么往往也会有重大的结果。如果起因较为轻微，那么也将产生轻微的结果。也就是说，成交量的明显增大会引起股价的明显变化——上涨或下跌；成交量没有明显变化时，股价也不会有明显变化。

三是投入产出定律：类似牛顿的物理学第三定律，任何一个行为都有力度相等、方向相反的作用力。换言之，图表上价格的变化将反映成交量的变化。两者之间应当保持着一个和谐统一的状态，通过投入（成交量）即可预计相应的产出（相应的价格变化）。

在日内交易中，改变当前的股票价格是需要力量的，也就是说，不管是推高股价（买方力量大），还是拉低股价（卖方力量大），都需要力量，而成交量就是这种力量的体现。量价分析认为，价格变化需要得到成交量的确认，根据因果定律，长K线（不管是阳线还是阴线）都应该对应大的成交量；同样的，短K线应该对应小的成交量。如果价格变化得到成交量的确认，那么价格的变化就被认为是有效的；相比之下，如果价格和成交量之间存在异常，那么就是存在潜在变化的一个信号。在这里提到的"大"的成交量和"小"的成交量是相对而言，即和这根成交量柱之前的成交量柱比较，如果有明显放大，那么就可以认为是"大"的成交量，"小"也是同理。

在量价分析的过程中，我们尤其要关注的是价格变化和成交量之间存在异常的情况，尤其是在一段趋势过程中，这种异常往往意味着趋势可能停止。注意，是趋势可能停止，不是趋势可能反转。比如，上涨趋势中出现异常，趋势可能停止，股价开始盘整，但是一般不会直接转为下跌趋势。

如图 5.6 所示，2022 年 10 月 13 日，AMD 在纽约时间 11:03 开始了一波上涨，在 11:17 成交量明显增大，成交量柱的长度几乎是前几根成交量柱的两倍，但是 K 线没有明显变化，即投入（成交量）明显加大，但是相应的产出（相应的价格变化）没有随之产生明显变化，这就是异常情况。如果我们此时持有多头仓位，可以止盈一部分，接下来在 11:20 和 11:21 放量后股价下跌，这波上涨趋势结束。

关于成交量，我们在日内交易中需要重点关注的有以下几种特殊情况。

第一，在突破某个重要压力位时，需要关注成交量有没有明显放大（放量）。如果有，那么可以认为突破是有效的，即真突破，我们可以顺势入场；如果没有放大，那么很有可能是假突破，我们就需要继续观察。

第二，在形成锤头线和倒锤头线时，成交量有没有放大。一般认为，成交量越大，形成的锤头线或倒锤头线所发出的入场信号越准确。

第三，在趋势过程中，有没有成交量突然放大的情况，如果有，那么很可能趋势会停止，那么我们就应该相应地进行止盈。

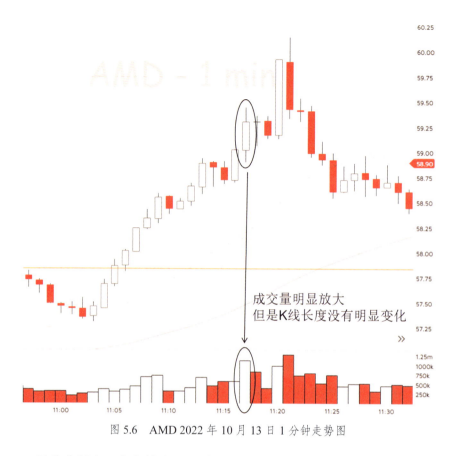

图 5.6　AMD 2022 年 10 月 13 日 1 分钟走势图

　　量价分析在日内交易中还有其他的使用方法，尤其是当其结合不同的交易策略时，本书会在下一章继续说明。

第五节

趋势和波段

　　股票价格的趋势指的是价格变化的总体方向，可以分为上涨趋势、下跌趋势和横向趋势。以上涨趋势为例，股价并不是持续地从一个低价位上涨到一个高价位，而是几个波段的结合，即上涨、下跌、再上涨、再下跌……但是整体的方向（趋势）是从低价位到高价位。总的来说，上涨趋势包括以下波段的重复，如图 5.7 所示。

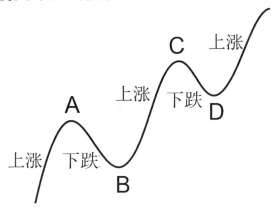

图 5.7　上涨趋势示意图

一段价格的上涨。上涨停止，出现一个这段上涨以来最高的价格（波段高点 A）。

一段价格的下跌。下跌停止，出现这段下跌的最低价格（波段低点 B，B 要高于起涨点）。

再上涨。上涨停止，出现一个比 A 更高的波段高点 C。

再下跌。下跌停止，出现一个比 B 更高的波段低点 D。

再上涨……

从移动平均线（简称均线）的角度来说，当均线呈现多头排列时，此时股价处于上涨趋势中。均线的多头排列是指短期均线位于长期均线上方。如图 5.8 所示，10MA 在 20MA 上方，20MA 在 50MA 上方，而 50MA 在 200MA 上方。

图 5.8　QQQ 2022 年 7 月 21 日 1 分钟走势图

　　总的来说，上涨趋势是由一系列更高的波段高点和更高的波段低点组成的。只要在上涨趋势中持续出现更高的波段高点和更高的波段低点，那么就可以认为这段上涨趋势在持续。当股价跌破上一个波段低点时，上涨趋势结束。如图 5.9 所示，如果股价接下来跌破 D 点，那么这段上涨趋势结束。

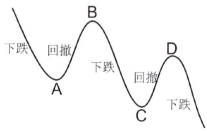

图 5.9　下跌趋势示意图

类似的，下跌趋势是由一系列更低的波段低点和更低的波动高点组成的，如图 5.9 所示。股价下跌，出现波段低点 A；股价回撤，出现波段高点 B，B 低于起跌点；股价再下跌，出现更低的波段低点 C；回撤，出现更低的波段高点 D……只要在下跌趋势中持续出现更低的波段低点和更低的波段高点，那么就可以认为这段下跌趋势在持续。当股价上涨超过上一个波段高点时，下跌趋势结束。如图 5.9 所示，如果股价接下来上涨超过 D 点，那么这段下跌趋势结束。

从均线的角度来说，当均线呈现空头排列时，此时股价处于下跌趋势中。均线的空头排列是指短期均线位于长期均线下方。如图 5.10 所示，10MA 在 20MA 下方，20MA 在 50MA 下方，而 50MA 在 200MA 下方。

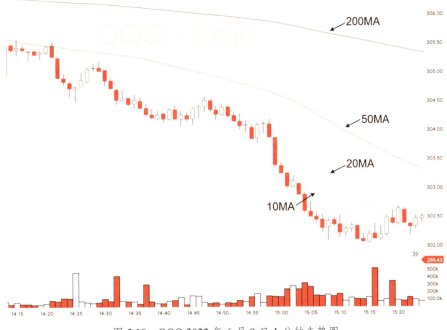

图 5.10　QQQ 2022 年 6 月 9 日 1 分钟走势图

而在横向趋势中，没有更高（低）的波段高点或更高（低）的波段低点，而是在一个价格区间内震荡，如图 5.11 所示。上方红色虚线区域为阻力区间，这里有大量卖方力量，阻止股价进一步上涨；下方红色虚线区域为支撑区间，这里有大量买方，支撑股价上涨；而股价则在这个区间内上下运动。

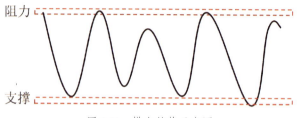

图 5.11　横向趋势示意图

如果股价持续在阻力区间和支撑区间内运动，那么横向趋势持续。当股价向上突破阻力区间或向下跌破支撑区间，此横向趋势结束。一般来说，对日内交易者而言，当股价处于横向趋势时是最不好操作的。在这个震荡的价格区间中做多或做空的成功率都明显低于上涨趋势或下跌趋势中。我不建议新手在横向趋势中做单，可以耐心等待股价突破横向趋势后入场，对此下一章会有进一步的讨论。

总之，股价总是处在上涨趋势、下跌趋势或横向趋势中。作为日内交易者，在进入任何交易之前都需要辨识此时股价所处的趋势。一般来说，股价的任何趋势都有惯性，即保持当前趋势，改变当前趋势需要较大的力量（成交量）。所以，如果此时股价在上涨趋势中，那么就需要寻找做多的机会；如果此时在股价下跌趋势中，那么就需要寻找做空的机会；如果此时股价在横向趋势中，那么就不要入场，耐心等待股价突破横向趋势。

第六章

交易策略

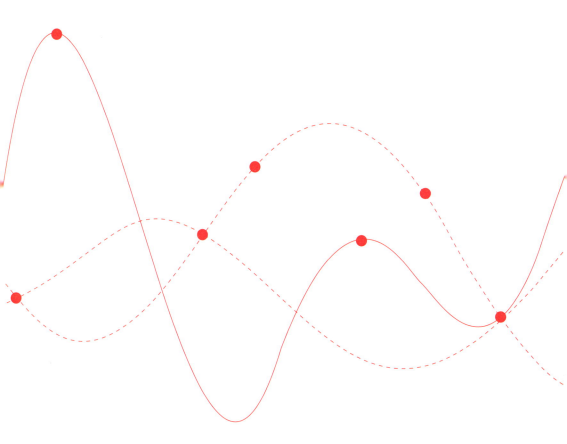

本章介绍交易策略时所举的例子均来自实际交易，每个例子都标注了股票代号和日期，我强烈建议读者在阅读本章时打开电脑，找到相对应股票的完整一天的 K 线图，结合书中所举的例子来研习 K 线走势。

第一节

突破关键位

作为最经典的交易策略，突破关键位已有百年的历史，其交易核心是找到关键位。那什么是关键位呢？关键位，即支撑位和压力位的统称。如图 6.1 所示，支撑位是指股价下跌过程中可能遇到的支撑，从而出现价格止跌回稳的价位；压力位（阻力位）是指股价上涨过程中可能遇到的压力，从而出现价格反转下跌的价位。支撑位形成的原因是，当股价运行到某个特定价格时，有买家大量买入，其买入的力量，让股价的下跌趋势停止甚至反转，每次股价触及支撑位通常都会上涨。类似的，压力位形成的原因是，当股价运行到某个特定价格时，就有卖家大量卖出，卖出的力量，让股价上涨的趋势停止甚至反转，每次股价触及压力位通常都会下跌。

在日内交易中，如果股价突破了重要的支撑位或压力位，一般会走出一波趋势，我们需要做的是耐心等待股价的突破，然后在突破时入场。如图 6.2 所示，谷歌公司股票（GOOG）在两次下跌后，于 10:03 和 10:31 分别触及了 91.95 美元这个支撑位，都受到支撑，等第三次来到支撑位时，放量向下突破了 91.95 美元，此时我选择入场做空，止损位设置在 92.00 美元（和支撑位之间留出 5 美分的空间）。

图 6.1　AAPL 2022 年 9 月 14 日 1 分钟走势图

图 6.2　GOOG 2022 年 12 月 15 日 1 分钟走势图

91

我在此次交易中的计划是：如果股价反弹回 91.95 美元的压力位（此时支撑位跌破后转变为压力位），我就止损离场。如果股价继续下跌，此时已经是这几天股价的新低，下方没有明显的支撑位，所以，我会在股价下跌趋势中，在每个整数价格（0.00，0.50）止盈 10% 的仓位。

入场后，股价顺利下跌，这波下跌持续到 13:53，最低股价为 90.49 美元左右，最大利润每股 1.41 美元，收益非常可观。这笔交易是典型的跌破重要支撑位做空的例子。

接着，我们看一个向上突破压力位做多的例子。如图 6.3 所示，西方石油公司股票（OXY）于 10:40 到 10:45 触及 53.68 美元受到压力后下跌，11:21 再次上涨，但是这次上涨力量较小，还没到压力位就下跌，接着 11:47 再次触及 53.68 美元再次受到压力下跌，直到 11:55 放量向上突破压力位，此时我选择入场做多，止损位为 53.64 美元。

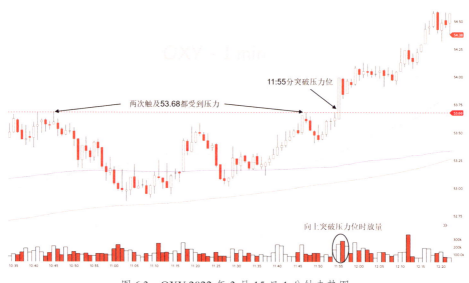

图 6.3　OXY 2022 年 3 月 15 日 1 分钟走势图

我在此次交易中的计划是：如果股价没有继续上涨，而是跌回 53.68

美元，我会止损离场。此时支撑位是53.68美元，止损位是53.64美元，我留出了4美分的空间。如果股价按预期上涨，第一目标位是当天盘中最高价53.95美元，第二目标位是昨天盘中的关键位55.00美元。如果在到达第一目标位后，股价回踩20MA，我会加仓现有仓位的四分之一。到达第二目标位时，我将止盈全部仓位的90%，继续持有10%的仓位等待继续上涨。

入场后，股价继续走高，13:05到达最高股价55.07美元，这笔交易最大利润为每股1.42美元，同样是一笔非常不错的交易。

在日内交易中，突破关键位是最基础的交易策略，此交易策略历时百年，经久不衰，风险可控而且利润可观，直到今天仍然非常有效。此交易策略中最重要也是最困难的地方是寻找支撑位和压力位。

新手在开始日内交易时，往往不知道如何寻找关键位。我们可以形象地把支撑位比喻成地板，当价格下跌至地板后，开始出现反方向的力量，价格继续向下的力量减弱，开始向上反弹。同理，压力位就像天花板一样，当价格上升至天花板后，反方向的力量出现，令价格向上的动力减弱，开始向下反弹。那么该如何识别出股价的"地板"和"天花板"呢？主要可以从三个条件来识别。这三个条件，并不需要全部满足才是支撑位或压力位，但是满足得越多，说明这个位置的支撑或压力越强大、越有效。

第一，这个位置股价接触过的次数越多越好，曾多次反弹过股价。

第二，这个位置股价接触后有强烈的反应，表现为成交量放大。

第三，这个位置同时当过支撑位和压力位，即完成了支撑位和压力位的互换。

一般的支撑位和压力位会造成现有的趋势暂停，而强有力的支撑位和压力位则会导致趋势的反转。许多交易者选择在支撑位买入，在压力位做空，这样做的交易者越多，支撑位和压力位的作用就越明显。

需要特别说明的一点是，支撑位和压力位不是一条直线，而是一个区域，或者说不能单纯地认为支撑位和压力位是一个确定的价格数字。比如，之前的股价变化告诉我们，大概在 10 美元左右有支撑，之后只要股价下跌到这个位置附近就会反弹，有时在 9.8 美元，有时在 10.3 美元，每个支撑位的区间大小可能是不一样的。我在画线的时候，一般偏好 0.00、0.25、0.50、0.75（例如，10.00 美元、10.25 美元、10.50 美元、10.75 美元）这样的价格，这是因为 0.00 和 0.50 这样的价格是属于符合心理的整数位，大多数机构交易者会在出现这样的整数时下单，而 0.25、0.75 是 Quarter（25 美分）的整数倍，机构交易者同样会用 Quarter 为单位进行交易。

在日内交易中，有时 1 分钟走势图、5 分钟走势图和 30 分钟走势图上的关键位可能会不一样，那么应该以哪个图为准呢？一般来说，时间周期越长，其图上的关键位比周期短的图上的关键位更有效，即 30 分钟走势图上的关键位比 5 分钟走势图上的关键位更有效，而 5 分钟走势图上的关键位比 1 分钟走势图上的关键位更有效。而且，越有效的关键位跌破后，所形成的趋势越有力，能够持续的时间就越长。所以，我一般会在盘中的时候，在 5 分钟走势图上找关键位，然后在 1 分钟走势图上观察股价突破关键位的时机，并根据 1 分钟走势图设置止损位。

图 6.4 为 AAPL 在 2022 年 9 月 27 日的 5 分钟走势图。在开盘后，随着行情的发展，可以清楚地看出该股大概在 152.75 美元左右时有强力的支撑。

图 6.4　AAPL 2022 年 9 月 27 日的 5 分钟走势图

　　我们在确定了支撑位后，注意观察 1 分钟走势图。如图 6.5 所示，股价在 11:13 放量跌破支撑位，此时入场做空，止损位在 152.80 美元（和支撑位之间留 5 美分的空间）。

　　我在此次交易中的计划是：如果股价没有下跌，而是上涨突破了压力位 152.75 美元，我就止损离场。如果股价按预期下跌，我的第一目标位是昨天盘中关键位 151.82 美元。第二目标位是当天盘前的最低价 150.40 美元。如果在到达第一目标位后，股价回踩 20MA，我会加仓现有仓位的四分之一（这笔交易有非常好的加仓位置，在 11:50 回踩 20MA，收锤头线）。

如果到达第二目标位，我会止盈现有仓位的90%，继续持有剩下的10%等待继续下跌。

如图6.5所示，这波下跌非常有力，一直持续到12:19，股价跌到149.97美元止跌。这笔交易的最大利润为每股2.83美元，是一笔非常好的交易。

图6.5　AAPL 2022年9月27日的1分钟走势图

有时，股价不会一下放量突破关键位，而会在重要的关键位附近盘整，此时可能会出现很多中性的K线，这是多空双方在激烈地争夺这一关键价位。作为散户日内交易者在这时一定要有耐心，等到有明确的放量突破关键位后再入场。

一般来说，关键位一般都在开盘后，股价运行一段时间之后才会出现。那么在盘前我们怎么寻找可能的关键位呢？以我个人的经验，有几个特殊的价位，可能会成为当天盘中的关键位：昨天的收盘价，昨天的最高价 / 最低价，盘前的最高价 / 最低价，昨天盘中最重要的关键位。我一般会在开盘前标出这几个价位，等开盘后观察股价到达这些价位时的反应。

突破关键位这一交易策略一般运用于盘中，此策略是最经典且最基础的日内交易策略，历时百年，使用者众多。此策略的成功率非常高，一般情况下，会有两次入场机会：第一次是股价突破关键位的时候，此时是第一入场点，在入场时应该尽量使入场点（成本价）靠近关键位。但是如果在入场前发现股价已经离关键位较远，那么在这时不要入场，要耐心地等股价回调后再找机会入场。第二次的入场机会是股价回调到关键位附近后再次反弹，此时是比较理想的第二入场点。新手一定要多加练习，在盘中画出重要的关键位，寻找并确定重要的支撑位和压力位是此策略成功的关键。

第二节
盘整区间突破

盘整是指股价在一段时间内波动幅度小，无明显的上涨或下降趋势，股价在一个较小的价格区间内震荡，而这个区间就被称为盘整区间。盘整一般出现在一波急促的趋势之后，趋势形成得越强势，盘整出现的可能性越高。

以下跌趋势为例，空头强势拉低股价到更低的价位，此时，更低的股价吸引了更多的多头入场建仓。在这个价位，空头和多头形成了一定的平衡，股价在这里小幅震荡，直到这种平衡被其中一方打破。此时股价可能按照之前的趋势继续下跌，也可能反转形成上涨趋势。

如图 6.6 所示，美国银行股票（BAC）在一波下跌后，于 12:07 开始在 VWAP 附近盘整，形成盘整区间，图中用长方形框标记出，区间的上下沿宽度大约 10 美分，在 12:26 放量突破了盘整区间上沿，开始了上涨趋势，此时入场做多，止损位在盘整区间上沿，即 34.15 美元（上沿实际为 34.18 美元，留了 3 美分的空间。有一些交易者会把盘整区间突破时的止损位放在较远的那沿，即本交易中盘整区间的下沿）。

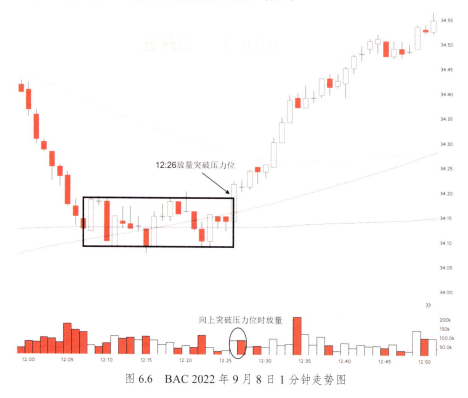

图 6.6　BAC 2022 年 9 月 8 日 1 分钟走势图

我在此次交易中的计划是：如果股价跌回长方形的盘整区间，即跌破 34.18 美元，我就止损离场。如果股价按预期上涨，我的第一目标位就是盘中关键位 34.45 美元，第二目标位就是当天盘中最高价 34.60 美元。如果在到达第一目标位后，股价回踩 20MA，我会加仓现有仓位的四分之一（实际在这笔交易中，股价回踩了50MA，我在从50MA反弹后，股价突破20MA的时候加仓）。如果股价到达第二目标位，我会止盈现有仓位的90%，继续持有剩下的10%等待继续上涨。这波上涨趋势一直持续到13:40形成新的盘整区间结束，最高价为34.73美元。在这笔交易中，盘整结束后趋势反转。

我们接下来再看一笔趋势延续的交易。如图6.7所示，阿里巴巴股票（BABA）从11:26开始了一波下跌，在89.54美元附近受到支撑后开始盘整，形成盘整区间（图中长方形区域）。这个区间下沿在89.54美元，上沿在89.72美元，区间宽度为18美分左右。在11:56开始，股价在区间下沿附近震荡，连续收短实体的K线，成交量也相应缩小。终于，股价在12:00放量向下突破盘整区间，此时我选择入场做空，止损位在区间下沿。

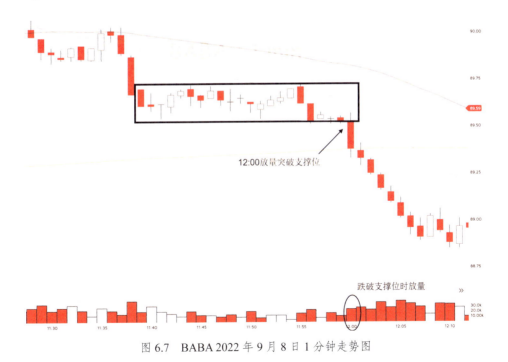

图 6.7　BABA 2022 年 9 月 8 日 1 分钟走势图

我在此次交易中的计划是：如果股价上涨回到长方形盘整区间，即

向上突破 89.54 美元（实际设置的止损位为 89.58 美元，这个价格为入场 K 线的最高价，与区间下沿之间有 4 美分的空间），我就止损离场。如果股价按预期下跌，我的第一目标位是开盘后的关键位 89.18 美元，第二目标位是当天盘中最低价 88.30 美元。如果在到达第一目标位后，股价回踩 20MA，我会加仓现有仓位的四分之一（实际在这笔交易中，股价到达第一目标位后于 12:19 回踩了 20MA，我在这里加仓）。如果股价到达第二目标位，我会止盈现有仓位的 90%，继续持有剩下的 10% 等待继续下跌。在实际交易中，这波下跌趋势最低到 88.81 美元，这个位置在开盘后震荡区间的中部，12:28 下跌趋势反转。

盘整区间不仅可以在 1 分钟走势图上形成，也可以在 5 分钟走势图上形成。如图 6.8 所示，美国银行股票（BAC）在一波下跌后，于 9:55 开始盘整，形成盘整区间，图中用长方形框标记出，区间的上下沿宽度大约为 30 美分（5 分钟走势图的区间范围较大），在 11:15 放量跌破了盘整区间下沿，延续了之前的下跌趋势。此时入场做空，止损位设置在盘整区间下沿，即 42.60 美元（下沿实际为 42.58 美元，我留了 2 美分的空间）。

我在此次交易中的计划是：如果股价上涨回到长方形盘整区间，即向上突破 42.58 美元（实际止损位为 42.60 美元），我就止损离场。如果股价按预期下跌，此时已经是当天盘中最低价，根据日线图，我就设置第一目标位为三天前的最低价 42.05 美元。第二目标位不好找，于是我计划在到达第一目标位后每下跌 20 美分，止盈 10% 的仓位。在到达第一目标位后，看 1 分钟走势图，股价如果回踩 20MA，我会加仓现有仓位的四分之一（实际在这笔交易中，股价回踩超过了 20MA，我在股价再跌破 20MA 的时候加仓，即 11:44）。这波下跌趋势一直到 13:25 结束，最低价为 41.94 美元。

图 6.8　BAC 2022 年 3 月 1 日 5 分钟走势图

盘整区间突破的交易机会主要出现在盘中，需要等待一段明显的趋势发展。和突破关键位的交易策略类似的是，盘整区间的突破也需要耐心等待突破时入场。相对于关键位，盘整区间的上下沿更容易标记出来，一般在走势图上都很明显。但是需要注意的是，在进行盘整区间突破交易时，要注意辨别假突破的情况。一般来说，入场前一定要注意成交量在突破时是否增加，如果没有增加，则有可能是假突破。辨别真假突破是一个需要靠经验积累的过程，新手在交易时一定要养成时刻观察成交量的习惯，这对于辨别真假突破至关重要。

第三节
三角形区间突破

除了长方形盘整区间之外，另外一种比较常见的是三角形区间，我们

可以按照形成的三角形的形状分为上升三角形和下降三角形。

如图 6.9 所示，图中左边为上升三角形区间示意图，此区间是一个横置的直角三角形，其上顶边的压力线是一条水平直线，而斜边是一条向右上倾斜的直线，即表示股价高点位置相对固定，但底部逐渐抬高。上升三角形区间的最终突破的方向一般是向上的。当突破上升三角形区间顶边时，我们可以入场做多。相对应的，图 6.9 中右边为下降三角形区间示意图，此区间是下底边的支撑线是一条水平直线，而斜边是一条向右下倾斜的直线，表示股价低点位置相对固定，但顶部逐渐降低。下降三角形区间的最终突破的方向一般是向下的。当突破下降三角形区间底边时，我们可以入场做空。

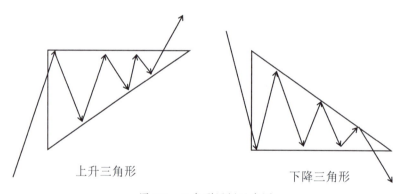

上升三角形　　　　　　　　下降三角形

图 6.9　三角形区间示意图

我们先看一个突破上升三角形区间的例子。如图 6.10 所示，亚马逊公司股票（AMZN）在开盘后上涨，股价在 9:35 触及 89.00 美元后下跌，然后在 50MA 附近止跌反弹，然后再一次 9:58 在 89.00 美元受到压力下跌，形成了一个上顶边在 89.00 美元的上升三角形区间。我们在确定上升三角形区间后，要留意放量突破顶边的机会。在 10:10 股价放量突破 89.00 美元，此时我选择入场做多，成本价为 89.05 美元，止损位设置在 89.00 美元（和上顶边留 5 美分的空间）。

图 6.10　AMZN 2023 年 1 月 10 日 1 分钟走势图

　　我在此次交易中的计划是：如果股价跌回三角形区间内，即跌破 89.00 美元，我就止损离场。如果股价按预期上涨，我的第一目标位就是昨日最高价 89.47 美元，之后若没有明显的压力位，我会计划在到达第一目标位后再在每个整数位（0.00，0.50），止盈 10% 的仓位。如果在到达第一目标位后，股价回踩 20MA，我会加仓现有仓位的四分之一（实际在这笔交易中，股价在 11:29 回踩了 20MA，但是没有反弹，而是继续跌破了 20MA，于是我没有加仓）。这波上涨中股价最高到 90.16 美元，每股最大盈利为 1.11 美元。

　　我们再看一个突破下降三角形区间的例子。如图 6.11 所示，阿里巴巴股票（BABA）在开盘后下跌，当股价在 9:41 第二次触及 88.68 美元（下底边）时，在下底边和 VWAP 之间形成了一个下降三角形。此时，我们要留意跌破下底边做空的机会。股价于 9:47 放量跌破 88.68 美元，我们此时入场做空，成本价为 88.65 美元，止损位设置在 88.73 美元（和下底边留 5 美分的空间）。

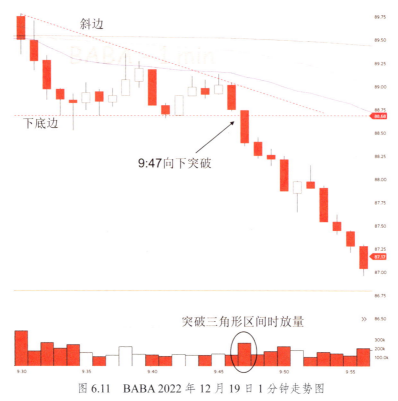

图 6.11　BABA 2022 年 12 月 19 日 1 分钟走势图

　　我在此次交易中的计划是：如果股价上涨回到三角形区间，即向上突破 88.68 美元，我就止损离场。如果股价按预期下跌，我的第一目标位就是昨天盘中的关键整数位 88.00 美元，第二目标位就是昨天最低价 87.00 美元。在到达第一目标位后，看 1 分钟走势图，股价如果回踩 20MA，我会加仓现有仓位的四分之一（实际在这笔交易中，这波下跌趋势很强，股价没有任何回调，直接下跌到了第二目标位，我在第二目标位止盈了 90%，剩下 10% 的仓位等待继续下跌）。这波下跌趋势中，股价最低到达

86.51 美元，每股最大盈利为 2.14 美元。

　　类似的，此策略不仅可以在 1 分钟走势图上运用，也可以在 5 分钟走势图上运用。如图 6.12 所示，阿里巴巴股票（BABA）开盘后，在 5 分钟走势图上形成了一个非常标准的上升三角形区间，上顶边在 89.23 美元，此时我们要留意股价向上突破做多的机会。在 10:15 股价放量突破 89.23 美元，此时入场做多，止损位设置在 89.19 美元（和上顶边留 4 美分的空间）。

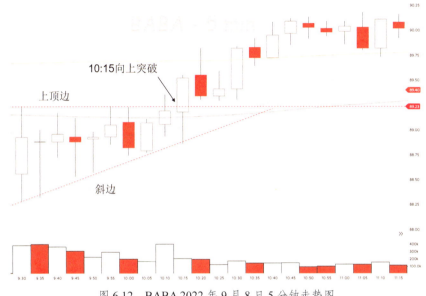

图 6.12　BABA 2022 年 9 月 8 日 5 分钟走势图

　　我在此次交易中的计划是：如果股价跌回三角形区间内，即跌破 89.23 美元，我就止损离场。如果股价按预期上涨，我的第一目标位就是昨天盘中的关键位 89.82 美元（此价位和今天盘前的最高位重合），第二目标位就是昨天的最高价 90.85 美元。在到达第一目标位后，股价如果在 1 分钟走势图上回踩 20MA，我就会加仓现有仓位的四分之一（实际在这笔交易中，股价突破三角形区间后快速拉升，在到达第一目标位 89.82 美元后受到压力又快速回落，在 10:26 回踩了 20MA，我在这里加仓，之后股价继续上涨）。这波上涨中股价最高到 90.17 美元，没有到达第二目标位，

股价在形成一个顶部结构后下跌。

在运用三角形区间突破的交易策略时，需要关注以下几点，这几点并不需要全部满足，但是满足得越多，此策略越有可能成功。

第一，股价在形成三角形区间时，向明确的方向有一段较为有力的趋势，此过程中成交量放大。

第二，股价目前在三角形区间中，成交量明显缩小。

第三，此三角形区间在某个关键位附近，或者在某个整数价格附近。

第四，三角形区间的底边或顶边非常明显，股价多次触及底边或顶边。

第五，股价在三角形区间中阳线和阴线交替出现。

第六，斜边最好与 VWAP 或某一条均线重合。

第七，当股价突破顶边或底边时需要放量。

三角形区间突破的交易机会在开盘阶段或盘中都会出现，但是分辨三角形区间的难度要高于长方形的盘整区间，在实际交易时，结合 5 分钟走势图和 1 分钟走势图一起观察会比较容易找到交易机会。

第四节
围绕 VWAP 的交易策略

成交量加权平均价（VWAP）是将多笔交易的价格按各自的成交量加权而算出的平均价。VWAP 同时考虑了交易量和价格，专业交易者将其视为日内交易定价的一种方法。对于机构交易者来说，在低于 VWAP 时执行的买入订单会被视为良好的成交情况，因为它们低于按成交量加权的股票平均价格。相反，在高于 VWAP 时执行的买入订单会被视为不良的成交情况，因为它们高于按成交量加权的股票平均价格。例如，一个机构当天想买入 100 万股的苹果公司股票，在具体操作时，交易员不可能直接下单一次性购买 100 万股，交易员会在一天之中尝试在股价低于 VWAP 的时候分批买入。当一天的交易结束，如果成交均价低于 VWAP，这就是一笔成功的交易。类似的，如果一个机构当天想卖出大量股票也是同理。

于是，进行大额买入的机构交易者会尽可能地让成交价维持在 VWAP 的下方；而进行大额卖出的机构交易者会尽可能地让成交价维持在 VWAP 的上方。所以，VWAP 在日内交易中成为重要的支撑位和压力位，进行大额交易的机构会在 VWAP 附近进行大量的买入或卖出操作。因此，VWAP 是日内交易中重要的支撑位和压力位之一，有许多交易策略都围绕着 VWAP 进行。

如图 6.13 所示，京东股票（JD）在 14:45 股价下跌到 VWAP 附近，受到支撑；之后从 14:52 到 15:00 在 VWAP 上震荡，确认 VWAP 的支撑有效；在 15:01 成交量突然放大，股价上涨，此时我选择入场做多，止损位设置在入场 K 线的最低点 75.89 美元。

我在此次交易中的计划是：如果股价跌破入场 K 线最低点，即跌破 75.89 美元（实际还是按照 VWAP 设置的止损位，此时 VWAP 在 75.92 美元，留了 3 美分的空间），我就止损离场。如果股价按预期上涨，我的第一目标位就是盘中关键位 76.21 美元，第二目标位就是当天盘中最高价 76.53 美元。在到达第一目标位后，股价如果回踩 20MA，我会加仓现有仓位的四分之一（实际在这笔交易中，股价回踩了 50MA，在 15:25 收十字星，是比较明显的入场信号，下一分钟反弹回到 20MA 上。我在股价从 50MA 反弹后，突破 20MA 的时候加仓）。如果股价到达第二目标位，我会止盈现有仓位的 90%，继续持有剩下的 10% 等待继续上涨。之后股价持续上涨到 76.57 美元。这笔交易采用的是典型的以 VWAP 为支撑位做多的策略。

图 6.13　JD 2021 年 10 月 7 日 1 分钟走势图

　　如图 6.14 所示，小鹏汽车股票（XPEV）在 9:40 跌破 VWAP 后，我们就要寻找股价涨回 VWAP 的机会来做空，接着，股价在 9:46 上涨到 VWAP 后受到压力，放量下跌，此时我们入场做空。

　　我在此次交易中的计划是：如果股价上涨突破 VWAP，即突破 46.90 美元（在这个位置 VWAP 和 200MA 重合，对股价有双重的压力），我就止损离场。如果股价按预期下跌，我的第一目标位就是当时的盘中最低点 46.25 美元,第二目标位就是前一天最低价 45.77 美元。在到达第一目标位后，股价如果回踩 20MA，我会加仓现有仓位的四分之一（实际在这笔交易中，股价向上突破了 20MA，回踩了 VWAP 后再次下跌，我在 10:10 股价回踩 VWAP 再次下跌的时候加仓了四分之一）。如果股价到达第二目标位，我会止盈现有仓位的 90%，继续持有剩下的 10% 等待继续下跌。如果错过了 9:46 的入场机会，在 10:10 股价回踩 VWAP 受到压力，放量下跌的时候，就是入场的第二次机会。这笔交易采用的是典型的以 VWAP 为压力位做空的策略。

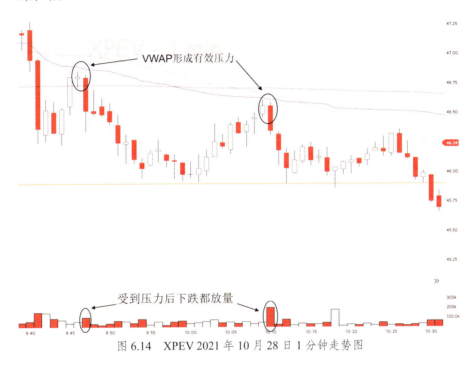

图 6.14　XPEV 2021 年 10 月 28 日 1 分钟走势图

在使用 VWAP 相关的交易策略时，入场点要尽量地靠近 VWAP 以降低交易风险。在设置止损位时，一般设置在 VWAP 上，即做多时，止损位为股价跌破 VWAP；做空时，止损位为股价突破 VWAP。在等待交易机会时，要注意所有股价远离 VWAP 后又回到 VWAP 附近的情况。在入场后，如果股价快速地与 VWAP 拉开较远的距离，可以考虑先止盈一部分仓位。

围绕 VWAP 的交易策略非常适合刚刚开始日内交易的新手，可以作为其第一个交易策略来练习和观察股价对支撑位和压力位的反应。在实际交易过程中，需要强调的一点是，要确认此时 VWAP 有支撑和压力的作用后，再相应地做多和做空，一定要注意成交量的变化。

跟随均线趋势的交易策略

在日内交易中，有许多以移动平均线（MA，简称均线）为指标的交易策略，其中最经典的就是跟随均线趋势的交易策略。在市场中，均线的走向代表了趋势的走向，当均线多头排列时，即短周期均线在长周期均线上方，表示股价处于上涨趋势中；相反的，当均线空头排列时，即长周期均线在短周期均线上方，表示股价处于下跌趋势中。

此交易策略中，短周期均线是 10MA，而长周期均线是 20MA。在一段没有明显趋势的盘整过程中，当股价向上放量突破 20MA，并且此时 10MA 从下向上穿过 20MA，此时可以入场做多，止损位设置在 20MA，上涨趋势中，10MA 会保持在 20MA 上方。如果错过了入场机会，可以等股价再一次回到 20MA 受到支撑后再入场。

如图 6.15 所示，西方石油股票（OXY）在开盘后没有明显趋势，股价围绕 20MA 上下震荡。10:01 股价向上突破 20MA（64.50 美元左右），并且此时 10MA 从下向上穿过 20MA，此时我选择入场做多。

我在此次交易中的计划是：如果股价下跌突破 20MA，即跌破 64.49 美元（实际止损位设置在 64.44 美元，留 5 美分的空间），我就止损离场。如果股价按预期上涨，我的第一目标位就是当时的盘中最高点 64.82 美元，之后没有明显的压力位，于是我计划在到达第一目标位后每上涨 25 美分，止盈 10% 的仓位。如果在到达第一目标位后，股价回踩 20MA，我会加仓现有仓位的四分之一（实际在这笔交易中，股价向上趋势非常强力，并没有理想的回调，所以我没有加仓。本次止损位设置在 20MA，即股价跌破 20MA 就平仓离场，最后在 10:26 平仓离场）。这是一笔成功的跟随均线趋势的交易。

图 6.15　OXY 2023 年 1 月 12 日 1 分钟走势图

　　类似的，在一段没有明显趋势的盘整过程中，当股价向下放量突破20MA，并且此时 10MA 从上向下穿过 20MA，此时可以入场做空，将止损位设置在 20MA，下跌趋势中 10MA 会保持在 20MA 下方。如果错过了入场机会，就可以等股价再一次回到 20MA 受到压力后再入场。如图 6.16所示，英伟达股票（NVDA）从 12:17 开始至 12:35 在 20MA 附近盘整，12:36 向下突破 20MA，此时 10MA 从上向下穿过 20MA，此时入场做空，止损点设置在 20MA。

　　我在此次交易中的计划是：如果股价上涨突破 20MA，即 169.22 美元（实际止损位设置在 169.26 美元，留 4 美分的空间），我就止损离场。我的第一目标位是盘中关键的支撑位 167.72 美元，第二目标位是当天盘中最低点 167.00 美元。如果在到达第一目标位后，股价回踩 20MA，我会加仓

现有仓位的四分之一（实际在这笔交易中，我在 13:06 加仓，但是之后股价没有继续下跌，我在 13:16 股价向上突破 20MA 后被止损）。

图 6.16　NVDA 2022 年 12 月 15 日 1 分钟走势图

一般来说，对于开盘后波动不大的股票，跟随均线趋势的交易机会通常出现在开盘后的盘整结束之后，如图 6.15 的例子。而对于开盘后波动比较剧烈的股票，交易机会一般出现在波动后的盘整结束之后，如图 6.16 的例子。在日内交易时，需要注意 10MA 和 20MA 非常接近或纠缠在一起，同时股价在 20MA 附近盘整的机会，在出现入场信号时，一般成交量会有明显放大。入场时应该尽量在 20MA 附近，以控制风险。止损位设置在 20MA 上，如果是做多，则当股价跌破 20MA 时平仓；如果是做空，则股价向上突破 20MA 时平仓。如果在入场后，股价上涨或下跌趋势比较强，则会使股价远离均线，此时可以先止盈一部分，然后持有剩下的仓位直到止损被触发。止盈一部分后，当价格远离 20MA 又重新返回均线附近的时候，如果可以再次确认 20MA 的支持或压力作用，就可以再加仓一部分。如图 6.16 所示，股价在 13:01 反弹到 20MA，但是受到 20MA 的压力，一直没能向上突破 20MA，在 13:06 再次下跌，此时可以加仓一部分（继续做空一部分）。关于加仓的时机和仓位，将在后文介绍订单管理时详细说明。

跟随均线趋势的交易入场点和出场点都非常明确，而且一般都有不止一次的入场机会。但是趋势行情发展会比较缓慢，资金留在市场中的时间比较长，有时可能长达几个小时，换句话说，资金暴露在风险下的时间比较长。因此，交易者更要严格遵守交易纪律，严格止损。

第六节
ABC 形态

ABC 形态是一种在开盘后跟随趋势的交易策略，这种形态结构简单，是日内交易者在开盘阶段广泛使用的交易策略。以做多为例，ABC 形态开始于一段强有力的上涨，多头在 A 点积极地买入推高股价（如图 6.17 所示），创出当天盘中新高（B 点），此时不要入场追高，因为趋势已经运行了一段时间，此时入场无法确定止损位和止盈点，不能有效地控制风险。股价在到达 B 点之后，一些 A 点入场的交易者开始获利平仓，股价也开始回调。此时你要耐心地等待价格回调的最低点（C 点）的出现，一旦发现价格在 C 点止跌，那么就代表着股价的这次回调已经结束，股价会继续沿着之前的趋势运行，这时你就可以入场交易，止损位设置为 C 点。

如图 6.17 所示，蔚来汽车股票（NIO）在开盘后从 A 点上涨到 B 点，B 点此时为当天盘中新高，然后回调到 C 点（15.60 美元），然后在 9:39

放量上涨，此时入场做多，止损点设置在 C 点。这是一个标准的 ABC 形态。

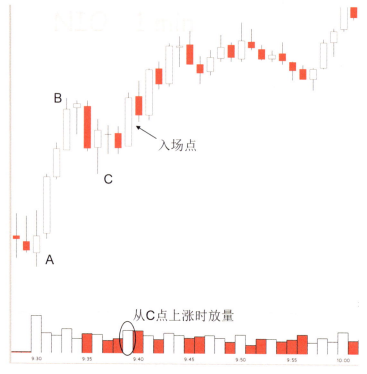

图 6.17　NIO 2022 年 5 月 17 日 1 分钟走势图

我在此次交易中的计划是：如果股价下跌突破 C 点，即 15.60 美元，我就止损离场。此时股价上方没有明显的压力位，于是我计划每上涨 10 美分，就止盈 10% 的仓位。在这个过程中，如果股价回踩 20MA 并受到支撑，我会加仓四分之一的仓位（实际交易中，9:57 股价回踩 20MA 收锤头线，是比较明显的入场信号，我在 9:58 加仓）。

ABC 形态不光出现在上涨趋势中，在下跌趋势中也会出现。如图 6.18 所示，特斯拉公司股票（TSLA）在开盘后有一波下跌趋势，于 B 点 156.00 美元附近止跌后开始反弹，反弹到 158.15 美元（C 点，20MA 附近）后再一次下跌，此时入场做空，成本价 157.55 美元，止损位设置在 C 点。

我在此次交易中的计划是：如果股价上涨突破 C 点，即 158.15 美元（实际止损位设置在 158.10 美元，留 5 美分的空间），我就止损离场。下方没有明显的支撑位，于是我计划每下跌 1 美元，就止盈 10% 的仓位。这波下跌非常有力，直到 150.11 美元止跌。每股最大盈利为 7.44 美元。

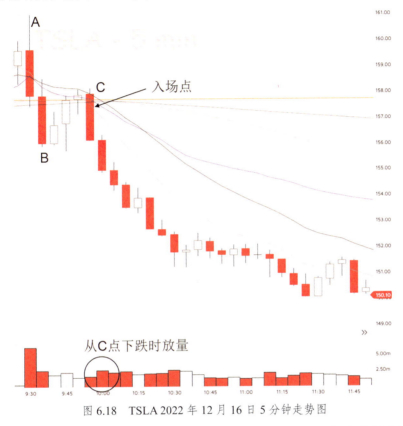

图 6.18　TSLA 2022 年 12 月 16 日 5 分钟走势图

ABC 形态是经典的日内交易开盘阶段的交易策略，该策略简单有效。此策略需要注意的要点如下。

第一，ABC 形态是开盘阶段的交易策略，适合开盘后就出现趋势的股票。

第二，B 点要创出当天的盘中新高。

第三，做多时，C 点要高于 A 点；做空时，C 点要低于 A 点。

第四，入场点要尽量靠近 C 点，如果发现交易机会时，股价已经远离

C 点，就不要追高。

第五，从 A 到 B 应该放量，从 B 到 C 应该缩量，从 C 再次上涨时应该放量（即做多时上涨放量，下跌缩量；做空时相反，即下跌放量，上涨缩量）。

第六，C 点最好可以在整数价格或关键位。

第七，C 点最好可以出现锤头线。

第八，C 点不能离 20MA 或 VWAP 太远。

第九，B 点最好是在整数价格。

第十，ABC 形态在 1 分钟走势图或 5 分钟走势图上都可能出现。

第七节
突破当天最高（低）价

有时股价在从 B 点回调到 C 点时，可能不是一次简单回调，而是包括了几次回调的复杂回调，此时，股价的走势并不符合标准的 ABC 形态。这种情况下，日内交易者可以等待股价突破前一次高（低）点的入场机会，这种交易策略称为突破当天最高（低）价。

如图 6.19 所示，小鹏汽车股票（XPEV）在 9:42 和 9:43 达到了此时当天的最高价 7.43 美元，然后开始回调，在两次回踩 50MA 后上涨。从 10:10 开始，在接近前一个高点的附近开始了盘整，最后于 10:15 突破了前高，继续放量上涨，此时入场做多，止损位设置为前一个高点（简称前高点）的价格，即 7.43 美元。

突破前高点

当天盘中的最高点

突破时放量

如图 6.19　XPEV 2022 年 11 月 29 日 1 分钟走势图

　　我在此次交易中的计划是：如果股价下跌突破前高点，即 7.43 美元（实际设置止损位在 7.40 美元，留了 3 美分的空间），我就止损离场。此时股价上方没有明显的压力位，于是我计划每上涨 10 美分，止盈 10% 的仓位。在这个过程中，如果股价回踩 20MA 并受到支撑，我就会加仓四分之一的仓位。在实际交易中，10:34 股价跌破 20MA 但是收十字星，接下来有一段盘整，10:43 重新突破 20MA，此时加仓，最后我在 11:03 股价跌破了 50MA 后平仓离场。

　　此策略不仅适用于开盘阶段，也适用于盘中。如图 6.20 所示，AMD在开盘后下跌，在 9:50 和 9:55 确定了当天的最低点 67.92 美元，之后反弹，

在 12:45 又下跌到前低点附近，开始盘整，终于在 13:05 向下跌破了前低点，突破时连续放量，此时我选择入场做空，止损位设置为前低点 67.92 美元。

图 6.20　AMD 2022 年 10 月 4 日 5 分钟走势图

　　我在此次交易中的计划是：如果股价反弹向上突破了 67.92 美元（实际止损位设置在 67.96 美元，留了 4 美分的空间），我就止损离场。我的第一目标位是下方 200MA，第二目标位是盘前最低点 67.01 美元。

　　在采用突破当天最高（低）价的交易策略时，突破时的成交量是关键。如果成交量在突破时可以连续放大，并且成交量柱一根比一根高，那么此策略的成功率将会很高。在入场时，入场点要尽量靠近前高（低）点以降低风险。如果在突破前，股价在前高（低）点附近有小范围的盘整，那么突破成功的概率会比较高。如果突破前没有盘整，而是直接突破了前高（低）点，那么就需要注意突破后回踩前高（低）点的情况。另外，在采用此策略时需要注意的是 ATR 的范围，如果当天的最高（低）点已经超过日线 ATR 的范围，那么就不建议使用此交易策略。比如，某只股票的日线 ATR 的范围是 1 美元，即这只股票平均一天的波动范围是 1 美元。当天开盘后，股价从 9 美元上涨到 10 美元后回调，当股价突破当天的最高点 10 美元时，这并不是理想的做多的交易机会，因为根据 ATR，股价可能已经没有多少上涨的空间。做空同理，也需要参考 ATR 的范围。

第八节

多头 / 空头陷阱

在开盘阶段除了经典的 ABC 形态之外，还有一种利用多头 / 空头陷阱的交易策略。多头陷阱指的是股价在下跌前先上涨，引诱多头入场做多（诱多）后再下跌；反之，空头陷阱指的是股价在上涨前先下跌，引诱空头入场做空（诱空）后再上涨。在日内交易中，价格走势会形成大量的多头和空头陷阱，尤其在 1 分钟走势图上。一般情况，在多头和空头陷阱后都会有一波趋势，作为日内交易者，要能够分辨这样的陷阱并加以利用，比如我们识别出现在是多头陷阱，此时我们做空，那么交易盈亏比会非常好。

以开盘时出现多头陷阱为例，即股价在当天低开，形成向下的跳空缺口，开盘时的价格在 VWAP 下方，开盘后股价上涨（诱多），价格来到 VWAP 附近后再次下跌，此时可以入场做空。如图 6.21 所示，谷歌公司股票（GOOG）在 2023 年 2 月 8 日向下跳空低开，开盘时股价在 VWAP 下方。

但是开盘后没有继续下跌，而是放量长阳线上涨，股价来到 VWAP 附近后开始下跌，在 9:32 股价跌破倒锤头线最低点后入场做空，止损位为倒锤头线最高点。

图 6.21　GOOG 2023 年 2 月 8 日 1 分钟走势图

我在此次交易中的计划是：如果股价反弹向上突破了 103.58 美元（实际止损位设置在 103.61 美元，留了 3 美分的空间），我就止损离场。我的第一目标位是开盘后第一根 K 线的最低点 102.62 美元，之后没有明显的支撑位，于是我计划每下跌 50 美分，就止盈 10% 的仓位。在这个过程中，如果股价回踩 20MA 并受到压力，我会加仓四分之一的仓位。在实际交易中，股价在跌破 102.62 美元后于 9:44 到 9:45 回踩 20MA 并且形成倒锤头线，我在 9:46 加仓。

类似的，如果开盘时出现空头陷阱，即股价在当天高开，形成向上的跳空缺口，开盘时的价格在 VWAP 上方，开盘后股价下跌（诱空），价格来到 VWAP 附近后再次上涨，此时可以入场做多。如图 6.22 所示，亚马逊公司股票（AMZN）在 2022 年 12 月 29 日向上跳空高开，开盘时股价在 VWAP 上方，但是开盘后股价没有继续上涨，而是下跌到 VWAP 下方，在 5 分钟走势图上第二根 K 线重新回到 VWAP 上方后，此时入场做多，止损位为入场 K 线最低点。

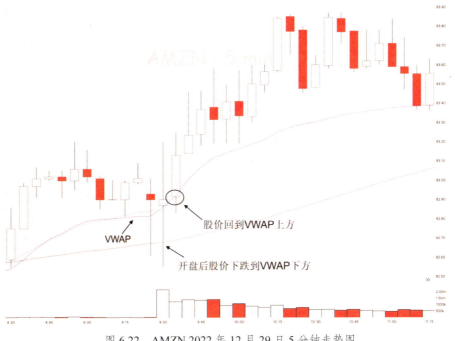

图 6.22　AMZN 2022 年 12 月 29 日 5 分钟走势图

我在此次交易中的计划是：如果股价反弹向下突破了 82.83 美元（实际止损位设置在 82.79 美元，留了 4 美分的空间），我就止损离场。我的第一目标位是前一天的最高价 83.48 美元，之后没有明显的压力位，于是我计划每上涨 50 美分，止盈 10% 的仓位。在这个过程中，如果股价在 1 分钟图上回踩 20MA 并受到支撑，我就会加仓四分之一的仓位。在实际交易中，股价在 9:50 到达第一目标位，在 9:57 跌破 20MA（1 分钟走势图上）后又回到 20MA 上，这时我选择加仓。这波趋势一直延续到当天收盘。

开盘时，使用多头／空头陷阱的交易策略时，需要注意以下几点。

第一，如果当天高开，那么只考虑空头陷阱的可能，即只寻找做多的机会；如果当天低开，那么只考虑多头陷阱的可能，即只寻找做空的机会。

第二，以空头陷阱为例，开盘时的股价应该在 VWAP 上方，然后股价要下跌到 VWAP 附近，可以跌破 VWAP，等再一次上涨到 VWAP 上方时，此时可以入场做多。反之，如果是多头陷阱，开盘时的股价应该在 VWAP 下方，然后股价要上涨到 VWAP 附近，可以向上突破 VWAP，等再一次下跌到 VWAP 下方时，此时可以入场做空。

第三，此策略是围绕 VWAP 进行的，入场点一定要尽量靠近 VWAP 以降低风险，如果发现入场机会时股价离 VWAP 太远，此时就不要入场。

第四，在分辨多头陷阱和空头陷阱时，可以参考二级报价上的大额订单。当天高开后，如果在卖家一侧有大额订单排列，同时在买家一侧没有大额订单，那么开盘后的下跌可能是空头陷阱，即股价随后可能上涨。反之，当天低开后，如果在买家一侧有大额订单排列，同时在卖家一侧没有大额订单，那么开盘后的上涨可能是多头陷阱，即股价随后可能下跌。

第九节
卡玛利拉枢轴点

枢轴点（Pivot Point）是根据股票前一天的收盘价、最高价和最低价计算出的当天盘中可能的关键位。这种计算方法最早是由几名场内交易员在进行短线股票交易时提出的，之后多年的数据研究也证明了枢轴点在短线交易时的有效性，枢轴点成为机构交易者重要的交易依据。依照枢轴点来分析价格区域，此方法现被投资银行、对冲基金等机构广泛应用到外汇、股票、期货、加密货币等的交易之中。

卡玛利拉枢轴点（Camarilla Pivot Point）是对传统经典枢轴点的改进，包括 13 个关键点：枢轴点（Pivot Point）1 个，支撑点 （Support）6 个，以及压力点（Resistance）6 个。计算方式如下：

C 代表昨日收盘价，H 代表昨日最高价，L 代表昨日最低价，R 代表阻力线（6 条），S 代表支撑线（6 条），PP 代表枢轴点（1 个）。

$R6 = (H / L) \times C$

$R5 = R4 + 1.168 \times (R4 - R3)$

$R4 = C + [(H-L) \times 1.5000]$

$R3 = C + [(H-L) \times 1.2500]$

$R2 = C + [(H-L) \times 1.1666]$

$R1 = C + [(H-L) \times 1.0833]$

$PP = (H + L + C) / 3$

$S1 = C - [(H-L) \times 1.0833]$

$S2 = C - [(H-L) \times 1.1666]$

$S3 = C - [(H-L) \times 1.2500]$

$S4 = C - [(H-L) \times 1.5000]$

$S5 = S4 - 1.168 \times (S3-S4)$

$S6 = C - (R6 - C)$

在日内交易中，比较常用的策略是围绕 R3、R4 和 S3、S4 展开的。如图 6.23 所示，图中红色直线从上向下依次为 R4 和 R3，图中黑色直线从下向上依次为 S4 和 S3，图中灰色的直线从上向下依次为 R2、R1、S1、S2。根据前一天，即 2023 年 1 月 30 日 AAPL 的收盘价、最高价，以及最低价，可以计算出 31 日当天的卡玛利拉枢轴点。

图 6.23   AAPL 2023 年 1 月 31 日 5 分钟走势图

在使用卡玛利拉枢轴点这一交易策略时，一般认为，股价在 R3 和 R4 之间时会受到压力，在 S3 和 S4 之间时会受到支撑。而当股价位于 R4 上方时，枢轴点的压力将失效；类似的，当股价位于 S4 下方时，枢轴点的支撑将失效。

可以把卡玛利拉枢轴点想象成拉直的橡皮筋，当股价从 PP [PP = (H + L + C) / 3] 向上运动时，橡皮筋的弹力会试着把股价向下拉回 PP，即股价会受到压力。这种情况下，离 PP 越远，橡皮筋的弹力就越大，即股价受到的压力越大；而当股价超过 R4 时，橡皮筋断裂，此时压力失效，股价会继续向远离 PP 的方向运行，即继续上涨。类似的，当股价从 PP 向下运动时，橡皮筋的弹力会试着把股价向上拉回 PP，即股价会受到支撑。离 PP 越远，橡皮筋的弹力就越大，即股价受到的支撑越大，而当股价超过

S4 时，橡皮筋断裂，此时支撑失效，股价会继续向远离 PP 的方向运行，即继续下跌。

围绕卡玛利拉枢轴点展开的交易策略如图 6.24 所示。红色直线为压力位 R4 和 R3，黑色直线为支撑位 S4 和 S3，黑色的箭头线表示股价的运动方向，数字表示对应的以下交易策略的编号。

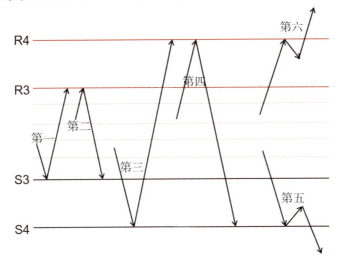

图 6.24 围绕卡玛利拉枢轴点展开的交易策略示意图

具体的交易策略如下。

策略①：当股价下跌时，在 S3 受到支撑后开始上涨，此时做多，目标位为 R3。在卡玛利拉枢轴点中，S3 一般对股价有强力的支撑，当股价下跌至 S3 时，趋势有可能发生反转从而上涨。

策略②：当股价上涨时，在 R3 受到压力后开始下跌，此时做空，目标位为 S3。在卡玛利拉枢轴点中，R3 一般对股价有很强的压力，当股价上涨至 R3 时，趋势有可能发生反转从而下跌。

策略③：当股价下跌时，在 S4 受到支撑后开始上涨，此时做多，目标位为 R4。在卡玛利拉枢轴点中，S4 对股价有最强的支撑，当股价下跌至 S4 时，趋势有可能发生反转从而上涨。

策略④：当股价上涨时，在 R4 受到压力后开始下跌，此时做空，目标位为 S4。在卡玛利拉枢轴点中，R4 对股价有最强的压力，当股价上涨至 R4 时，趋势有可能发生反转从而下跌。

策略⑤：当股价跌破了最强支撑位 S4，此时做空，目标位为 S6。在卡玛利拉枢轴点中，S4 是比较特殊的支撑位，跌破后，就说明此时枢轴点的支撑作用已经失效，可以做空。

策略⑥：当股价向上突破了最强压力位 R4，此时做多，目标位为 R6。在卡玛利拉枢轴点中，R4 是比较特殊的压力位，突破后，就说明此时枢轴点的压力作用已经失效，可以做多。

如图 6.25 所示，AMD 在 R3 附近开盘，开盘后股价试图向上突破 R3，但是失败了，并从 R3 开始下跌，此时是比较好的做空机会，这波下跌直到 11:00 在 S3 受到支撑后反弹，之后股价跌破 S3，但是在 S3 和 S4 之间的支撑区间受到支撑，随后在 13:10 向上突破 S3 上涨到 S2 后又下跌回 S3 并再次受到支撑，这里是第二次做多的机会，之后股价一直上涨直到收盘。

卡玛利拉枢轴点的本质是盘中的支撑位或压力位。正如前文提到的，某个支撑位或压力位有效，是因为有其他交易者在此位置进行大量的买入或卖出。同理，卡玛利拉枢轴点有效，是因为有大量机构交易者以其为参照来进行买入或卖出，但是，并不是所有的股票都适用卡玛利拉枢轴点，换句话说，不是所有股票交易者在交易时都参照卡玛利拉枢轴点。所以需要强调的是，在使用卡玛利拉枢轴点时，一定要等股价在当天开盘后验证过卡玛利拉枢轴点的支撑位或压力位的有效性后，才能使用围绕卡玛利拉枢轴点的交易策略。而且，此交易策略在使用时应该等第二入场点，如图 6.25 所示，在 13:15 和 13:45 分别都有做多的机会，我个人认为第二次机会是比第一次机会更好的入场时机。在等股价向上突破 S3 后，再次回落到 S3 并且再一次验证了 S3 的支撑作用后，此时入场风险更小而且止损位置明确。

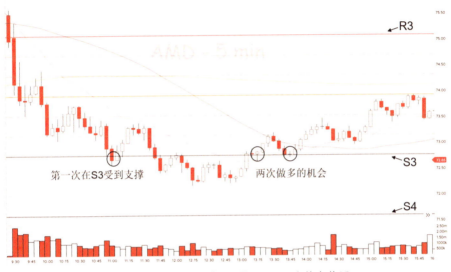

图 6.25　AMD 2022 年 11 月 18 日 5 分钟走势图

除了可以根据不同的支撑位和压力位进行交易外，对比今天和昨天的卡玛利拉枢轴点的相对位置，可以为日内交易者提供更多的信息。如图 6.26 中 A 所示，当今天的卡玛利拉枢轴点整体低于昨天时，说明今天整体偏弱，下跌的可能性大一些，可能需要寻找做空的机会；如图 6.26 中 B 所示，当今天的卡玛利拉枢轴点整体高于昨天时，说明今天整体偏强，上涨的可能性大一些，可能需要寻找做多的机会；如图 6.26 中 C 所示，当今天的卡玛利拉枢轴点整体和昨天位置差不多时，说明今天震荡的可能性大一些。

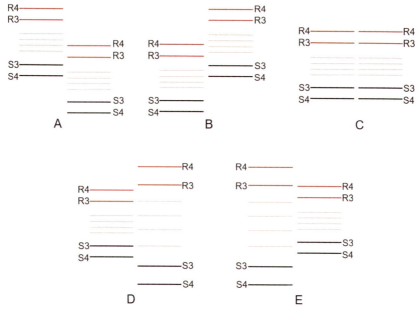

图 6.26   今天和昨天的卡玛利拉枢轴点位置对比

除了相对位置外，卡玛利拉枢轴点的宽度同样可以提供重要的信息。如图 6.26 中 D 所示，当今天卡玛利拉枢轴点的宽度明显大于昨天时，说明今天股价在 R3 和 S3 之间运行的可能性比较大，开盘后应该注意股价在 R3 或 S3 反转的机会；如图 6.26 中 E 所示，当今天卡玛利拉枢轴点的宽度明显小于昨天时，说明今天股价突破 R4 或 S4 的可能性比较大，应该注意股价可能从这两个位置突破的机会。

在实际交易中，我们需要综合考虑昨天和今天卡玛利拉枢轴点的位置和宽度。

情况一：如果今天的卡玛利拉枢轴点整体比昨天高而且宽度明显缩小，那么说明今天上涨并且从 R4 向上突破的可能性要大一些。在开盘时就要注意股价开盘的位置，如果开盘股价在 R3 和 R4 之间，那么就要注意从 R4 向上突破时做多的机会；如果开盘股价在 R4 之上，那么就要注意股价回踩 R4 后受到支撑，再次上涨的做多机会。

情况二：如果今天的卡玛利拉枢轴点整体比昨天低而且宽度明显缩小，那么说明今天下跌并且从 S4 向下突破的可能性要大一些。如果开盘股价在 S3 和 S4 之间，那么就要注意股价从 S4 向下突破时做空的机会；如果开盘股价在 S4 之下，那么就要注意股价回踩 S4 后受到压力，再次下跌的做空机会。

情况三：如果今天的卡玛利拉枢轴点整体比昨天高而且宽度明显放大，那么说明今天上涨的可能性大一些，但是可能不会突破 R3。

情况四：如果今天的卡玛利拉枢轴点整体比昨天低而且宽度明显放大，那么说明今天下跌的可能性大一些，但是可能不会突破 S3。

需要强调的是，以上列举的四种情况中所描述的上涨或下跌，只是可能性大一些，并不能完全确定当天开盘后实际的走势。另外，如果某只股票当天跳空高开或低开幅度比较大，开盘后的股价可能在 R6 和 S6 之外，此时卡玛利拉枢轴点已失效，我们应该考虑采用其他的交易策略。

由于不同的股票使用卡玛利拉枢轴点的有效性不同，在使用前，最好可以根据不同的股票回测之前的数据以确定有效性。在使用围绕卡玛利拉枢轴点的交易策略时，有以下几点可以提高此类策略的成功率。

第一，最好可以寻找卡玛利拉枢轴点和关键位重合的位置。比如，当 S3 和某关键支撑位重合时，那么此时 S3 的支撑作用会更强，采用相应的策略（前文中的策略①）也更有效。

第二，如果当二级报价上对应的卡玛利拉枢轴点上有大单的话，此卡玛利拉枢轴点的支撑或压力作用会更好。

第三，如果股价在卡玛利拉枢轴点上，尤其是在 R3、R4、S3、S4 这四个关键位置上成交量明显放大，此时交易策略的胜率会比较高。

另外，我认为，除了告诉我们"要做什么"外，卡玛利拉枢轴点另外一个重要作用是可以告诉我们"不要做什么"。比如，如果此时盘中股价在 R3 和 R4 之间，此区间是卡玛利拉枢轴点上压力最大的区间，那么此时我们就不应该考虑做多，而是应该耐心等待股价向上突破 R4 后做多的机会，或者，股价下跌突破 R3 后做空的机会。类似的，如果此时盘中股价在 S3 和 S4 之间，此区间是卡玛利拉枢轴点上支撑最大的区间，那么此时我们就不应该考虑做空，而应该等一等，等股票向下突破 S4 后做空的机会，或者，等股价上涨突破 S3 后做多的机会。

卡玛利拉枢轴点是根据昨天的股价波动来确定今天盘中压力位和支撑位的一套计算方法，和我们盘中确定关键位的方法不同，为我们提供了另外一个观察市场的角度。由于不同股票对卡玛利拉枢轴点的有效性不同，交易者在使用前一定要回测此股票之前的数据，在确定了卡玛利拉枢轴点的有效性后才可以使用。

第七章
策略的执行

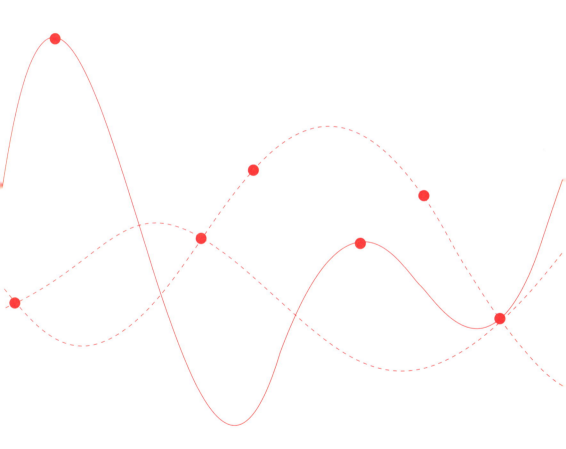

第一节

交易日中的时段

以美国股票市场为例，开盘时间为纽约时间早上 9:30，收盘时间为下午 4:00，午间不休市，每天的交易时间共计六个半小时。在日内交易时，一般会把这六个半小时分为四个时段：开盘时段、上午时段、下午时段和收盘时段。如前文所提到的，每个交易策略可能适用于不同的时段，不是每一个交易策略，在每一个时段都有效。在开始练习日内交易时，你应该留意自己的交易通常是发生在哪一个时段，你在哪个时段交易的表现最好、盈利最多，然后根据这些时间因素来调整你的策略。

开盘时段，大概是开盘后的一个半小时，即纽约时间 9:30 ~ 11:00。我在这个时段一般会进行两到三笔交易（指的是新建仓的交易，并不包括已持有仓位后又加仓的交易）。经过了昨天盘后和今天盘前的波动，大量交易者都选择在这个时间段交易。因此，开盘阶段股票的交易规模一般是当天最大的，交易也最为频繁。就我个人而言，我在这个时段进行的交易成功率最大，所以我会在交易时，刻意提高这个时段的交易规模和交易频率。在开盘时段，我一般会采用 ABC 形态和三角形区间突破的交易策略。

上午时段，即纽约时间 11:00 ~ 12:30。我在这个时段一般只会进行一笔交易。在这个时段，因为有些交易者已经在开盘阶段完成了当天的交易，或者有些交易者在午休、吃午餐等，所以这个时段参与交易的人数较开盘时段有明显下降。上午时段的市场相对缓和，这是对新手而言，最容易进行交易的时段之一，成交量比开盘时间低，波动性也相对较弱。在上午时段，我一般会采用突破关键位、盘整区间突破和跟随均线趋势的交易策略。

下午时段，即纽约时间 12:30 ～ 14:30。我在这个阶段最多进行一笔交易。下午这个时段整体行情相对平静，成交量和市场流动性都不会有明显增大。在这个时段交易时一定要注意盘中支撑位和压力位的作用。我在这个时段采用的大部分都是突破关键位的交易策略。一般这个阶段市场会比较平缓，盘整的时候居多。就我个人而言，我在下午这个时段的交易次数会比上午少一些。

收盘时段，指收盘前的一个半小时，即纽约时间 14:30 ～ 16:00。我在这个时段一般会进行一笔交易。在这个时段，大量的专业交易者会入场交易，有观察日线图的专业波段交易者，也有为了避免隔夜持仓的专业日内交易者。每天的收盘价通常反映了专业交易者对股票价格的共识，他们会主导最后一个半小时的走势。如果股票在最后一个半小时内上涨，代表专业交易者看好该股票；反之，如果股票在最后一个小时内下跌，代表专业交易者看空该股票。所以收盘阶段的行情通常比较具有方向性，我在这个时段交易时会寻找那些最后一个半小时内呈现上涨或下跌趋势的股票。一般而言，我在这个时段的交易仓位会超过下午时段，但是会少于开盘时段。我在这个时段一般会采用跟随均线趋势的交易策略。

需要额外说明的是，在一些交易日中，如果有重要的新闻或经济数据会在盘中发布，那么可能在发布后才会有大量交易者入场交易，此时，以上区分时段的方法不适用。

作为日内交易者，有时你会发现你在开盘时段的盈利，在当天随后的交易中都亏损了，当一天的交易日结束时，你基本不赔不赚。我有时也会出现这样的情况，所以我增加了一项交易规则：开盘时段的获利不允许在当天之后的其他时段的交易中，亏损超过 40%。比如我在开盘阶段交易后

获利 500 美元，那么在接下来当天剩下的时间里，如果我亏损超过 200 美元，我就会提前结束当天的交易。

第二节
入场点的选择

我认为，作为日内交易者，你不可能也不应该参与每一段行情。比如，今天的某个交易标的开盘后呈现上涨趋势，确定趋势后，在之后的交易中，你应该寻找的就是顺势做多的机会（有一些交易者只做日内反转交易，我个人觉得反转交易的风险比较大，我一般推荐新手只做顺势交易），做空同理。我不推荐新手交易者在一天内做多和做空同一只股票。成功的交易者懂得保持耐心，他们不会要求自己参与每一段趋势，他们会耐心等待自己有信心的交易机会。同时，好的交易不仅是买入走势强劲的股票，或做空走势疲软的股票，还必须抓住盈亏比最佳的入场点。

任何一笔好的交易的前提是有一个好的入场点，在前文列举的交易策略中，最佳的入场点都被明确地标记出来。但是在实际交易中，交易者有时会错过入场点，这时应该怎么做呢？如果错过了入场点，没有关系，继续等待第二次入场的机会，或者换一只股票，千万不要有 ROMO 的情绪，千万不能追涨或追跌。比如，某只股票在重要的压力位盘整，然后向上突破，但是你没有及时抓住这次做多的机会，这只是一个小错误，你应该继续等待第二次入场机会的出现。这时如果你因为错过机会而懊恼然后入场做多，这就是追涨（追跌同理），这样你就犯下了严重的错误。对于日内交易来说，追涨和追跌都是绝不该犯的错误，因为错过入场点并不会造成资金的亏损，但是追涨或追跌则会。不要让一个不会赔钱的小错误，引发另一个会让你赔钱的严重错误。

如果这只股票没有第二次入场机会呢？那也没关系，你可以换一只股票继续交易。请记住，市场永远会给你下一次的交易机会，你需要的就是耐心的等待和观察。

第三节
订单管理

几乎所有进行股票交易的新手都遇到过这样的情况，所持有的股票一旦卖出，股价就会上涨，俗称卖飞了，这有时比亏损还影响情绪。为什么会出现这样的情况呢？这就是没有对交易进行正确的订单管理。在入场后，股价不断出现的变化给我们提供了更多新的信息，此时的我们要根据新出现的信息来做出判断，应该什么时候止损、什么时候止盈、什么时候加仓、是不是需要修改我们入场前的计划。这就是订单管理要解决的问题。

成熟的日内交易者会将订单管理贯穿其全部的交易策略之中，所以我们需要先说明一下订单管理的意义。

比如，两位交易者使用同一种策略，分别建立相同的多头仓位。入场后，股价上涨，行情朝着有利于他们的方向发展，然后稍微拉回。第一位交易者担心已经获得的利润得而复失，于是决定立刻平仓离场，以锁定已经获得的微小利润；第二位交易者看到拉回决定加仓，之后股价继续上涨，最后交易结束时，获得了丰厚的利润。这两名交易者中的第一位是刚开始交易时的我，第二位是学习了订单管理后的我。订单管理就是在找到交易标的和入场交易之后的其他工作，即入场建立仓位之后，到平仓离场之前所做的事情。

稳定获利的日内交易者和最后失败的日内交易者之间的差别，往往就在于是否对订单进行管理。新手可能会简单地认为入场建立仓位之后，他们就不需要再做任何事，只需要等待股价到达他们的获利目标，然后平仓拿走利润就行了。而成熟的日内交易者明白这么做是不够的，当你计划一笔交易并建仓入场的时候，你对当时的市场只掌握了有限的信息，你并不知道你的计划是否有效。建仓之后，随着行情的发展，你会得到更多新信息。股票价格的变化可能支持也可能不支持你继续持仓，因此你需要管理你持有的仓位。如果不能做到正确的订单管理，那么即便是选对了入场点，你也不能从市场中拿走你应该拿走的利润。

再比如，你在某只股票的价格跌破重要支撑位 10 美元时入场做空，这时你先建立了空头仓位。接着，股价下跌，但与你一起入场的空头，他们在获利之后有一部分开始平仓，股价会被慢慢地推升并且回到原来的支撑位 10 美元附近。如果这波反弹走势不能有效地向上突破 10 美元，那么你可以加仓，即继续做空，增大你的空头仓位；反之，如果股价突破了 10 美元，你就应该接受亏损，平仓离场。这整个过程就是订单管理。在这个过程中，你需要在持有仓位的情况下，持续地处理市场上产生的新信息从而做出对应的处理，而不是消极地旁观股价的变化，单纯期待着股价可以到达你的止盈目标。

前文介绍交易策略时，提到了加仓的操作。加仓也属于订单管理的范围，是指在止盈部分仓位后，在顺应趋势的前提下，找到了比较好的增加仓位的机会。以做多为例，在一段上涨趋势中看 1 分钟走势图，当每一次股价回到 20MA 附近的时候，如果确定了 20MA 的支撑作用，在靠近 20MA 时，都是比较好的加仓的机会。就我个人而言，我一般会在趋势第一次回到 20MA 时加仓，加仓数量为当时持有的仓位数量的四分之一，但是，如果此时我还没有止盈过，即还是持有和入场时相同的仓位，那么我就不会加仓。第一次加仓后，我会把止损位设置为当前的成本价。如果趋势继续有力上涨（上涨时成交量放大），我会在第二次回到 20MA 时加仓，加仓数量为当时持有的仓位数量的四分之一。同样的，加仓后我会把止损位设置为当前的成本价。而股价第三次、第四次回到 20MA 时，我不会加仓。如图 7.1 所示，AMD 在一波上涨后，9:59 第一次回到 20MA 附近，此时是比较好的加仓机会；10:23 在上涨趋势中第二次回到 20MA 附近，此时也可以加仓。需要强调的一点是，加仓一定是在止盈部分仓位后的操作，如果交易入场后还没有止盈，那么就不要进行加仓的操作。

图 7.1 AMD 2023 年 1 月 9 日 1 分钟走势图

在股票交易中，每一笔交易都不完全相同，作为交易策略的重要内容，订单管理应对着各种情况：什么时候止损，什么时候止盈，什么时候加仓，什么时候平仓……交易策略是复杂而综合的。换句话说，交易策略不能简

化为少数几条明确的规则，也不是说只要按照这些规则操作就能成功，永远这么做或永远那么做的想法是错误的。在股票交易的世界里，每笔交易都是不同的，每一次面对的都是个别情况，可能会相似，但永远不同。

订单管理是交易策略中最难以学习和掌握的，需要通过大量的练习和实盘操作来积累经验，我建议新手一定要多加练习和时常总结。只有在掌握了订单管理的思想和方法后，才可能成为稳定获利的日内交易者。

第四节
入场仓位的大小

入场仓位的大小（入场仓位规模）是指每一笔交易的股票数量。在日内交易中，有的交易完美符合了你的交易策略，此时应该建立你账户允许的最大仓位，即满仓；而有的交易可能并没有达到你理想的交易策略，你可以先建立小部分仓位，然后等股价继续运行一段时间后再决定是否要加大仓位。知道什么时候应该建立大仓位，什么时候适合建立小仓位是新手必须学习的技巧。如果仓位的大小控制不当，你的交易盈利就会不稳定。但是，还是要重复前面提到的1%原则。无论机会看起来有多好，任何单笔交易所承担的风险都不能超过账户总资产的1%。你必须首先要保证自己可以在市场中活下去。

有一些新手认为，想要赚大钱就必须建立大仓位。这种想法固然不错，但是需要注意的是建立大仓位的同时也意味着高风险，我们应该在权衡利益和风险的同时，做出一个综合性的决定。就我个人而言，如果我交易的是当天比较热门的股票，我可能只会建立中等或较小的仓位，因为这类股票可能几秒钟之内就爆发10%的走势，这就意味着盈利和亏损都可能很快发生，因此我不会在这样的交易中建立大仓位。一般情况下，如果我的账户总资金是 25 000 美元，我在建立仓位时，对于股价在 50 美元左右的股票，我会先建仓 200 股，如果行情接下来朝对我有利的方向发展，我会再加仓 300 股。请注意，只有在确定行情朝对我有利的方向发展之后才会加仓，即如果我做多，股价上涨，做空则股价下跌。我会在股价到达我的第一个目标位后，平仓 200 股，然后将我的止损位设置在我的成本价，这样相当于我锁定了 200 股的利润。然后我会在第二个目标位平仓 200 股，接着继续持有 100 股的仓位。对于股价低于 50 美元的股票，我建仓时会酌情增加到 300 股或 400 股；而股价高于 50 美元且低于 100 美元的股票，我一般只会建仓 100 股。

大多数有经验的日内交易者都不会在交易中通过一次入场建立完整的仓位，他们都会选择在不同的价位分批入场建仓。第一次入场建立的仓位可能较小，他们会随着后续价格的变化来确认他们之前的交易计划，如果行情朝有利的方向发展，他们才会追加仓位，可能从 100 股开始，然后加仓几次。以我个人的经验，如果我要建立一个 500 股的仓位，我会分两次建仓，第一次 200 股，第二次 300 股；而建立一个 1 000 股的仓位，我会分三次 300 股、300 股、400 股建仓。

但是我需要强调的是，只有在确定行情朝对我的仓位有利的方向发展之后我才会加仓。以做多为例，在第一次入场建仓后，我只有在股价上涨时才会考虑第二次入场建仓。如果股价下跌，我绝不会在下跌的情况下继续建仓，即在做多时，我绝对不会向下平摊成本，我只会针对获利的部分向上增加仓位。做空同理，我不会向上平摊成本。

我个人认为，平摊成本的做法不适用于日内交易，这样的做法很危险，甚至可能会让你提前结束日内交易生涯。比如，你以 11 美元的价格买入了 1 000 股股票，重要支持位在 10 美元，也是你的止损位。入场后你希望

在 15 美元卖出，即目标位是 15 美元，结果股票没有按照你的预想上涨，反而下跌到了 9 美元，你原本应该按照计划在 10 美元止损，接受亏损离场，但是你不愿意接受亏损或者你忘记设置止损单，当股价下跌到 9 美元时你又加仓了 1 000 股，你觉得这样平摊了你的成本。现在你的成本价只有 10 美元，成本更低了，而且你持有 2 000 股，仓位也比之前大，如果股价能够涨到 15 美元，那么你比之前的计划可以盈利更多。事实上，这样的利润听起来很诱人，但这只是你一厢情愿的想法。如果股价继续下跌呢？下跌到 8 美元时你会怎么做？继续加仓还是割肉离场？如果下跌到 7 美元、6 美元、5 美元呢？还是继续加仓吗？假设从 9 美元开始，你每下跌 1 美元就加仓 1 000 股，等股价下跌到 5 美元时，你的账户账面亏损会达到 16 000 美元，此时你会接受亏损离场还是继续加仓呢？如果选择继续加仓，你账户里还有足够的资金吗？当然，一只股票一天之内从 11 美元跌至 5 美元是比较罕见的，但这正是平摊成本的危险所在。正如上面的例子，你可能很幸运地在第一次平摊成本后，股价从 9 美元反弹，你赚取了比预期更多的利润。第二天，你又遇到了相同的情况，你还是选择平摊成本，接着你又很幸运地赚钱了……从此，你觉得平摊成本是个不错的办法，直到某一次，也是最后一次，你不再幸运，股价一直下跌，你耗尽账户里的所有资金，这一次的亏损就会让你无法再继续股票交易。

平摊成本不适用于日内交易，当你平摊时，你的成本价在降低，但仓位越来越大，你确实有概率赚钱，而且很有可能比平摊成本之前赚得更多。但是你也有可能亏损，而这些可能的亏损往往会摧毁你的账户。如果你习惯于使用平摊成本的做法，你可能可以一百次都赚钱，但是只要有一次失败，你就会损失所有资金，黯然告别股票交易。所以千万不要在日内交易中平摊你的成本。请记住，如果股价没有按照你预想的运行，反而到了止损位，你唯一应该做的就是止损离场，千万不要加仓。

有的人可能会觉得，如果你的账户资金足够多的话，你完全可以平摊成本，只用等价格反弹就可以了，这样会赚得更多。那么账户需要多少资金才足够多呢？我的一名前同事于 2019 年开始在一家私募基金负责 WTI 原油期货的交易。2020 年 3 月，期货价格从 40 美元开始下跌，他决定做多，他当时操作一个 1 000 万美元以上的账户开始买入，因为账户资金充足，他无视了 20 美元的止损位，继续向下平摊成本，加大仓位，直到期货价格跌为负数，账户资金耗尽，他损失了近 700 万美元。难道 1 000 万美元的账户还不够大吗？

作为散户交易者，我们绝对不可以犯这样的错误。日内交易者绝对不能固执地坚持自己的想法，一厢情愿地认为市场一定会涨或者市场一定会跌。我们应该做的是随机应变，一旦我们发现自己做了错误的决定，那就应该尽早接受亏损，等待下一次机会。作为日内交易者，我们要做的不是预测价格会涨还是跌，而是判断趋势，然后顺应趋势进行交易。

第五节
设置每日最大亏损

在一些交易日中，你可能会发现好像你所有的交易策略都失效了。尽管你严格按照交易策略在执行，但是你还是在不停地被止损，你的账户不停地亏损……这样的交易日是存在的，根据我个人的经验，每个月可能会有一两天是这样的情况。

对于所有的日内交易者来说，有的交易日就是会亏损，即便是你已经按照交易策略做到完美，但是市场就是不让你盈利，一次次地让你止损出局。正如前文提到的，没有成功率百分之百的交易策略，而有的交易日就

是你全部交易策略都可能失效的日子。这不是交易者主观的问题，而是市场在客观上没有给交易者赚钱的机会。比如，一名擅长跟随趋势交易的交易者，开盘后就一直在等待趋势形成后入场的机会。但是今天一直在震荡，从开盘到收盘，选定的交易标的完全没有非常好的入场机会，尝试入场也以被止损而告终。再比如，一名擅长做反转的交易者，开盘后股价上涨，此交易者在等待反转的机会，但是今天在一波强势上涨后股价开始区间盘整，直到收盘都没有反转的机会。这些都是可能的情况，那么在这些市场不给机会的日子里，我们应该怎么做呢？

除了按照前文说的每一笔交易都要设置止损位外，你还需要额外设置一些规则来应对这样的交易日，即设置每日最大亏损。以我个人的经验来说，我会在我的交易账户中设置一个提醒，如果我在当天的亏损超过了我账户资金总额的0.5%，我会暂停交易15分钟，以防止我自己过度交易。因为过度交易一般都发生在账户出现亏损的时候，而且亏损往往是连续几笔交易都亏。我会在这15分钟离开电脑前，让自己的情绪稳定下来，然后再投入交易。在我开始继续交易后，如果我当天的亏损超过我账户资金总额的1%，那么我今天就会停止实盘交易，而转为在模拟盘上交易。我能接受的每日最大亏损失就是账户资金总额的1%，如果已经损失了这么多，就说明当天我的交易策略可能不适合今天的市场，那么我就接受这1%的亏损明天再继续交易。

设置这些额外的规则是必要的，如果不设置每日最大亏损，那么可能在这一天的连续亏损中，你就损失了一周甚至一个月的盈利，这是日内交易者所不能接受的。而且如果一天之内出现很多次的亏损，这对交易者的信心也会产生很大的影响，你甚至可能会怀疑自己的交易策略是否有效，而这种怀疑很可能会影响你日后的交易。

在一些市场不提供赚钱机会的交易日，日内交易者能做的就是接受亏损，虽然这样的交易日很少，但是请记住，在开始实盘交易前，一定要设置每日最大亏损，而设置亏损的金额一定要低于你每日的盈利目标。

第六节
建立自己的交易系统

如前文提到的，交易系统是指个人化的众多交易策略的集合。每位成熟的日内交易者都有自己独有的交易系统，根据每个人不同的账户规模、可以投入交易的时间、交易的经验，甚至包括交易者的个性和对风险接受的程度不同等，都会形成不同的交易系统。在日内交易中，市面上的交易策略有成百上千种，每一位日内交易者都有自己擅长的交易策略，比如，有的擅长跟随趋势，有的喜欢"抓底"和"抓顶"，有的偏好反转，等等。每一位日内交易者在日内交易时的操作都不会完全相同，你不能直接去模仿别人的交易。那么新手应该如何从众多的交易策略中做出选择呢？

前文介绍的几种交易策略是最经典，也是最基础的日内交易策略。新手交易者可以从其中选择适合自己的策略。在选择时，我认为，首先每一位日内交易者都应该找到让自己觉得最舒服的交易方式，比如，有一些交易者偏好几分钟的短线交易，而有些交易者更偏好一小时以上的日内趋势交易等。刚开始在模拟盘上训练时，新手可以先从自己觉得最适应、最舒服的交易策略开始，找到一个交易策略，反复练习，直到精通。需要强调的是，在日内交易中留给你做出入场决策的时间可能只有几秒钟，所以你一定要在训练时熟悉符合交易策略的K线形态。想成为成功的日内交易者没有捷径，你必须要投入足够多的时间和精力。你花在研究K线形态、价格走势的时间和精力越多，你就对股票市场就越了解，你学到的也就越多。前文提到过，在股票交易中，最重要的事情就是让自己存活下来，存活下

来才有机会学习和积累更多的经验。你必须真正精通一种策略，一旦能够熟练地运用这一策略你就能在市场中生存下来。我认识的不少全职日内交易者，在所有的交易中他们只使用一种策略，可能是关键位的突破，可能是根据 VWAP 的策略，可能是 ABC 形态，等等。新手交易者要缩小交易策略的选择范围，先精通某一种策略，等做到只使用这一种策略在市场上也可以稳定盈利时，再去研究下一个策略。总的来说，在精通三到五个交易策略，形成自己的交易系统后，日内交易者基本就可以保证每天盈利。

请注意，一定要在模拟盘上练习你的交易策略。在进行真实的交易之前，你必须先在模拟盘上证明你的策略值得你投入资金，否则你就不应该进入市场去进行真实的交易。你应该至少花上两个月的时间进行模拟交易，再花至少几个月的时间用真金白银进行小金额小仓位的实际操作。在能做到稳定盈利后，才能确定你已经掌握了这一策略，此时再开始加大仓位。这个过程一定不能省略，这是保护你自己资金的重要步骤。请不要急于实盘交易，要知道，即便是经验丰富的专业交易者，如果想要尝试新的交易策略，那么也都必须先在模拟盘上进行回测和练习，在证明了这种交易策略的有效性后，才会在实盘中使用。请一定要先在模拟盘上练习，直到确定自己精通了一个可稳定盈利的交易策略后，再开始真实的交易。

在日内交易中，大部分有意参与的交易者都会阅读相关书籍，但是只有极少数人能够真正按照书中介绍的内容，确切地执行整个交易策略中的每一步。比如，你可能在交易前没有找到正确的交易标的，即便是你使用了正确的交易策略，也无法获利；你可能找到了合适交易的交易标的，但是进场时机错误，错失了盈利的机会；或者你找到了适合交易的交易标的，并且精准地抓住了入场的机会，但是没有执行好止盈和止损的操作，让一笔可以赚钱的交易最终以赔钱收场。整个交易策略的每一步都很重要，都需要你严格地执行，请记住，交易者必须正确执行交易策略的每一步，才能最终获利。

确实，在股票的日内交易中，多数参与交易的人都会亏损，这是因为多数参与日内交易的人并不懂得本书提到的一些思想。正如市面上关于股票交易的方法和理论非常多，但是多数交易者只学到了皮毛，他们对交易的知识浅尝辄止，而且往往留给自己学习和训练的时间也不够，就仓促入场交易，这种方法试一试，那种方法也试一试，直到账户资金耗尽仍然不明白为什么会失败。请记住，股票市场永远都存在，不会消失。你一定不要着急，日内交易是一场马拉松，不是百米冲刺。日内交易的成功不在于你明天就顺利赚到几千几万美元，而在于掌握一种终身受益的能力。

另外，有一些交易者在日内交易时特别重视某些技术指标如 RSI、MACD 等。交易平台自带的指标可能就有好几百种，而且大多数交易平台都允许使用者自行编写指标。有一些交易者认为他们可以完全依靠复杂的指标来进行交易。我个人认为采用更多的指标和提高日内交易的成功率之间没有必然的联系。日内交易并不是一个自动化的工作。正如前文提到的，股票市场的复杂程度远远超过了一个指标或几个指标所包含的信息，进行日内交易是一个综合判断的过程，不可能简化成一个或多个指标。另外，在日内交易中，你在做出入场交易决定时往往只有几秒钟的思考时间，如果需要参考太多的指标，往往会起反作用，而且很多时候各种技术指标的信号彼此冲突，并不能够帮助我们做出判断。如果你觉得你可以设计一个完全不依赖交易者主观决策和判断的指标，那么你就等于在和电脑算法竞争，而这些电脑算法的背后是那些投入大量资金的大型机构，我并不觉得散户交易者一个人可以击败那些大型投资银行或基金。总的来说，我认为在日内交易中并不一定需要使用复杂的指标，可以参考这些指标，但是不能对其形成依赖。

金融市场是永远处于变化之中的，在日内交易中，你必须持续学习新的知识，不断更新并完善自己的交易系统。这并不是要把你的交易系统变得越来越复杂，而是需要让你的交易系统不断去适应当下的市场。作为日内交易者，你应该保持学习和阅读的习惯，同时最好可以和其他的交易者定期讨论交易策略的优点和缺点，永远要向前看。总之，一套仅使用少数指标的，适应当前市场的简单交易策略，能够有效减少市场上的杂音，让使用者能够更加专心地判断趋势。总的来说，我认为日内交易者只需要真正掌握少数几种简单的交易策略，就可以稳定获利。

最后需要强调的是，稳定获利并不是指交易者每一天都要盈利，正如前文提到的，总有一些交易日你可能出现亏损，这是正常的。日内交易者只要保证在大部分的交易日可以盈利就是成功的。我个人一般在每个交易日会进行 5 笔交易，每周最少 20 笔交易。我会采用如下的标准来衡量我的交易结果：

第一，70% 的交易日盈利；

第二，90% 的周盈利，即每周一至周五的总盈利；

第三，100% 的月盈利，即每个月的总盈利。

只要满足了以上的标准，我认为就达到了稳定获利的目标。我建议新手也可以采用这样的标准来检验自己的交易系统。在这样的标准下，单笔交易的结果没有关系，因为只要大部分交易日结束时盈利即可。换句话说，在 10 个交易日（即两周）中，可以预期有 3 个交易日的亏损，只要按照前文所述的对交易中的风险进行控制，那么总的来看一定是盈利的。

股票交易是不确定的，作为日内交易者，你需要适应在不确定的市场中交易。你需要明白，再完美的交易系统都无法确定接下来市场将如何运动，无法知道价格会怎样变化，但是通过你建立的交易系统，你有能力、有信心、有稳定的心态和恰当的管理来控制风险，增加收益。而建立这样的交易系统的过程，就是你成为一名合格的日内交易者的过程，也是一个成长和进步的过程——培养自己对市场感知的能力；培养自己观察市场并察觉风险的能力；培养自己决策的能力；培养自己容忍不确定性的能力。

成为成功的日内交易者

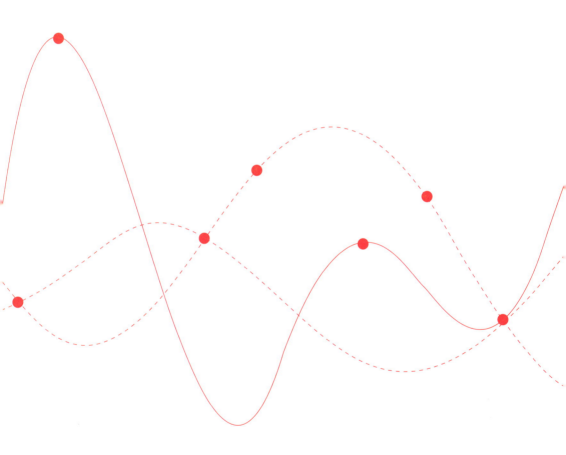

第一节
交易纪律

日内交易或任何其他形式的股票交易之所以困难，其根本原因在于这些交易都要求参与者具备极强的纪律性。如果交易者欠缺自律和自我控制的能力，无论采用哪一种交易方式、投入多少时间，在任何一个市场交易都没有成功的机会，因为股票市场只尊重有纪律的参与者。

正如前文提到的，新手如果无法在市场上通过日内交易盈利时，通常会学习更多的市场知识，研究更新的交易策略或在交易中采用更多的指标，但是这些都是外部原因。新手失败的原因往往不是因为缺乏技术和知识，而是出于内部原因，是源于缺乏纪律。在缺乏纪律约束的交易中，冲动的交易决策、马虎的风险管理等都会导致日内交易的失败。

很长时间以来，专业机构交易者的表现总是显著好于散户交易者，在我看来，这其中有不合理的地方。有不少散户交易者都受过高等教育，其中甚至不乏企业家或在其他领域都非常成功的人士，而且他们都有多年的股票交易经验。相反的，典型的机构交易员都是二十多岁的年轻人，没有丰富的生活阅历，也没有足够的股票交易经验。为什么这些年轻人可以表现得比散户交易者更好？因为纪律，并不是这些年轻人更有纪律，而是因为专业交易机构对这些年轻人所施加的纪律更加严格和规范。反观散户交易者，他们在交易时没有任何来自外部的交易纪律，散户交易者可以在交易中随意改变交易策略，可以平摊亏损的仓位甚至可以持仓过夜……散户交易者可以一直破坏自己的交易纪律，因为没有人对其进行监督和管理。

相反的，在机构中一再违反纪律的交易员会被公司马上解雇，所以机构交易员会认真遵守交易纪律。这些严格的交易规则被强制施加给机构交易员，让机构交易员免于承担大的亏损，也避免犯下致命的错误。但散户交易者并不被强制执行这些规则，所以常常因为违反纪律而导致账户亏损严重。

有一些人在了解机构的运行方式后会产生疑问，为什么可以稳定盈利的交易员愿意为机构工作？他们完全可以自己独立创业，为什么要把赚取的利润分给机构呢？确实有一些交易者辞去了机构的工作而选择自己交易，但是当他们成为散户交易者后，在相同的交易平台上，使用相同的交易策略，甚至相同的电脑键盘和鼠标的情况下，他们开始亏损，最终过了几个月又回到机构重新应聘。为什么本来可以稳定盈利的机构交易者在成为散户交易者后却出现亏损呢？正是因为缺少了纪律的约束。在机构工作的交易员离职之后，同时也就告别了上级主管的监督，摆脱了公司强制施加给他们的严格的纪律规范。机构交易员必须严格遵守交易纪律，否则就会被解雇。离职后的交易员在交易技巧上没有任何退步，但是此时他们没有了外部纪律的约束，没有机构和主管要求他们严守交易纪律，他们就会亏损，因为他们在之前的交易工作中所遵守纪律的约束力来自外部，而不是发自内心的自我约束。

严格遵守纪律，意味着按照自己的交易策略进行交易，并且严格执行，绝不会临时起意改变交易计划。成功的交易者首先是遵守纪律的交易者。

第二节
交易的一致性

前文提到过，每一笔股票交易都是不同的。针对不同的交易，日内交易者需要做到坚持一致地执行既定的交易策略。以我自己为例，开盘后我

会问自己一系列的问题：如果出现多头趋势，我的交易策略是什么？如果出现空头趋势，我的交易策略又是什么？我希望看到什么样的 K 线走势？下一个目标位在哪里？我的止损位在哪里？此时潜在的盈亏比是多少？我是否应该入场交易？这是每一笔交易前我都会问自己的问题，通过这些问题，我试图找到符合我交易策略的交易机会。对于日内交易者来说，如果出现了机会就一定要入场建立仓位，绝对不要犹豫。在交易时，你要百分之百地执行交易策略，如果在交易完成后进行复盘时你发现交易策略需要调整，那也是之后的事情。而在盘中进行交易的时候，你必须每一次都百分之百地按照交易策略来执行，也就是说你每一次都必须百分之百地相信你的交易策略。

交易的一致性，是指每一次交易都按照交易策略严格执行。一致性是稳定盈利的根本条件。从本质上说，交易就是概率，每一次交易的盈亏都是概率的结果（请参考第二章关于盈亏比对比的表 2.1）。我们在日内交易中使用的交易策略，都是经过历史数据验证的，在概率上可盈利的。而概率是建立在统计学基础上的，因此保持数据的完整性是从数据中得到概率的根本条件。任何临时更改数据的行为，都会对统计的概率产生不确定的偏差，而在交易中临时改变策略，会导致在概率上可盈利的交易策略失效。所以，我们在交易行为中应该始终保持交易的一致性，目的就是维持数据的完整，这样就是维持盈利的基础——概率。简单来说，交易的一致性是指在每次交易中，你所执行的标的选择、买入、卖出、止损、入场仓位等的规则是一致的，在交易时不会临时改变自己的交易策略。

我认为，交易的一致性是遵守交易纪律的体现，即如果交易者在交易中时刻都能遵守交易纪律，那么交易也一定是有一致性的。具体来说，主要是指三方面。

第一是入场的一致性，即在市场中发现了符合交易策略的价格形态，出现了入场信号都会入场。比如采用 ABC 形态的交易者，在符合交易策略的每一个 C 点，都会入场。

第二是订单管理的一致性，是指在入场后，随着价格的变化，你采用的止盈、加仓的策略是一致的。比如在前文提到的，我一般在出现趋势后，从 1 分钟走势图上观察 20MA 反弹时会加仓，不会因为怕错过加仓机会而临时改为在 10MA 加仓。

第三是平仓出场的一致性，是指在止损或止盈离场时一致。比如，在跟随均线趋势交易时，股价突破 20MA 则离场，那么就不能因为想追求可能的更大利润，而临时修改为突破 50MA 才离场。

这三个方面，任何一个方面中出现不一致性，那么整体交易都不是一致的，都会影响交易的成功率。正如前文提到的，好的交易日不一定是盈利的交易日，好的交易日是你坚持执行了交易策略的交易日，是指你严格遵守了交易纪律，执行了交易计划，没有一次违反自己的交易纪律的日子。

赚钱是从事股票交易的唯一目的，而为了达到这一目的，成功的交易者通过学习和训练，从而培养了做出全面和明智的交易决定的能力，他们在做决定的时候只关注是否严格执行了交易策略，而不是赚钱。而失败的交易者则刚好相反，他们执着于赚钱，而忽略了交易策略的执行，往往做出错误的决定。作为日内交易者，你并不应该时时刻刻想着赚钱，你专注的应该是做正确的、符合你交易策略的决定。你在市场中寻找的是那些盈亏比高的交易机会，是符合你交易策略的交易机会。当你完美地执行了你的交易策略，即遵守了你的交易纪律，赚钱就是理所当然的结果，是水到渠成的事。

第三节
交易的独立性

交易的独立性是指每一笔交易都是独立的，和其他交易不相关。这里的交易指的是在没有仓位的情况下，每一次新建仓的交易，而不是已经持有仓位后加仓的交易。

在日内交易中，如果之前的交易盈利，有的交易者可能在下一笔交易时会想保持盈利而设置过小的止损位，导致本来不错的入场点却因为一点小震荡而被平仓。或者，因为之前的交易有亏损，有的交易者可能在下一笔交易抹平亏损后就选择平仓，从而错失了一大段的利润。这些都是因为之前的交易影响现在的交易的例子，换句话说，这些都是不独立的交易。

让我记忆犹新的一次违反交易独立性原则的交易发生在 2023 年 1 月 18 日。开盘后，我交易了三笔都不顺利，因为当天开盘后比较震荡，市场没有走出一个明确的方向。我的账户当时处于较大亏损的状态，我心想今天至少要追回亏损（这种心态是错误的）。在 10 点半左右，我发现微软公司股票（MSFT）在 240.30 美元附近盘整，这是当天第三次到达这个位置。于是我在跌破 240.00 美元后入场做空，股价按照我预想的顺利下跌。我一般是不会在盘中查看账户盈亏的，但是这天因为前三笔的亏损，让我当时心里只想抹平亏损。在 10:40 下跌到 239.00 美元后，我的账户显示抹平了亏损，于是我平仓止盈。随后，MSFT 一直下跌到 235.50 美元，我错失了完成当天盈利目标的机会。反省这笔交易，我因为之前的交易影响了判断，本来应该加仓的位置我却选择止盈，因为之前的亏损又犯了一次错误。我把这笔交易的交易记录打印了下来，贴在了我书桌旁边的墙上以时刻提醒自己。在交易中，有的错误你犯一次就会记住，但是有的错误需要你时刻提醒自己才能不再犯。

作为日内交易者，请谨记，之前的交易已经完成，不管是盈利还是亏损，都和之后的交易不相关，每一笔交易都是独立的。

第四节
交易日记

交易日记是记录交易者每一个交易日中每一笔交易的日记。此日记在交易者的成长过程中扮演着核心角色，比如，交易日记可以帮助交易者识别其交易中的优点和缺点，帮助提高交易的一致性，让交易者更自律、更坚持，帮助交易者选择最佳交易策略等。

建议新手交易者，从你的第一笔交易开始（从模拟盘练习开始），将每一笔交易都记录下来。在记录交易日记时一般都使用电子表格，这样便于保存，而且在分类和日后查找时也比较方便。你可以在网上找到一些交易日记的示例或模板，但无论你采用哪个模板，交易日记中都应该包含以下内容：日期、股票代码、此时大盘的情况、采用的交易策略、入场信号、入场时间、仓位大小、入场成本价、止损位、目标位、盈亏比、加仓点、平仓时间和价格，以及此交易盈利或亏损金额。

以上提到的内容是需要包含在交易日记中的基本数据和信息，同时，交易者在记录交易日记的同时，也是对当天全部交易的复盘，是对交易中出现失误或错误的反省。以我自己为例，在每天的全部交易完成后，我会反省自己今天的表现如何，以及我是否严格按照交易策略执行了交易。我认为反省是日内交易成功的关键之一。我会反思自己在当天的交易中都做对了什么、做错了什么、仓位是不是合适，等等。思考这些问题是一个反省的过程，也是提高自身交易能力的过程。比如，当天的某一笔交易，你大赚了一笔，但是这未必意味着你的交易技巧已经完美，你必须要反省对和错，在交易日记中将任何你认为对你未来交易有益的事情都记录下来，并妥善保存以备日后参考。有些教训可能会让你付出惨痛的代价，但是你应该保持信心，相信你一定可以进步。有的时候同样一个错误，你可能会犯不止一次，但是只要你每一天都反省自己的错误，那么你一定会纠正这样的错误。

我建议，在记录前文提到的基本信息之外，你可以在日记中描述当时市场正在发生的事情和你在入场前的思考。比如，记录你的入场理由、盈利期望和进行订单管理时内心的变化，还需要记录你在交易前的情绪和入场后的情绪。除了记录自己进行的交易，还需要记录下自己在当天错过的交易机会。记录交易日记是一个反省的过程，你需要不断地向自己提出问题：入场点和止损位是不是太远？是不是符合交易策略？是不是在没有交易信号的情况下就入场了？入场有没有犹豫？入场后是不是有冲动想平仓锁定利润？怎么抑制平仓的冲动？被止损后心情如何？这笔交易盈利不菲，我的心情如何？今天为什么会错过这笔交易……提出并回答这些额外的问题将有助于你以后分析当天的交易中哪里做对了、哪里做错了。另外，你还可以添加一些对于交易日当天的想法，总结当天盈利或亏损的原因。

想把任何事业做到成功都需要时时总结自己的缺点和不足，并加以改正。作为新手交易者，如果不仔细记录自己的交易表现，就无法知道在盘中承受压力的情况下做出交易决策的情况。新手交易者往往觉得自己已经学会了某个交易策略，但不知自己只是纸上谈兵。在实际交易中，在有压力的情况下，自己是否还可以如预想的那样冷静呢？这需要从交易日记中寻找答案。写下详细的交易日记来记录你的想法、情绪和交易是一件很简单的事情，但却可以给你的交易事业带来巨大的帮助。通过保留详细的交易日记并经常回看之前的交易，你可以从失败中吸取教训，从而完善你的交易系统，调整你交易时的心态。

附录：日内交易的心得分享

以下是我个人总结的一些心得，非常主观，仅供大家参考，并不一定适合所有的日内交易者。请一定要经过自己的交易系统验证后再加以采用。

1. 股价突破关键位时，一定要等这根 K 线收线后再判断是否要进场。

2. 在刚刚形成趋势后，股价第一次在 1 分钟走势图上回到 20MA 时一般都会受到支撑或压力。

3. 在一段趋势中，看 1 分钟走势图，回调一般不会超过五根 K 线，如果超过了五根，趋势转为盘整的可能性比较大，要考虑止盈。

4. 盘整区间的特点：K 线实体都比较短，上下影线都比较长，阳线和阴线交替出现。

5. 在盘整区间要避免入场交易。如果盘整区间宽度比较大，可以考虑在上沿做空，在下沿做多，但是一定不要在区间中部入场。

6. 出现锤头线或倒锤头线可能是入场信号，但不是入场的理由。入场的理由要根据关键位和整体的价格趋势判断得出。

7. 第一次机会往往都是陷阱。

8. 突破关键位一般都会回踩，回踩时候的入场风险会更低。

9. 三角形区间突破一般会发生在第三次或第四次触碰顶边（底边）。

10. 底部的急跌急涨，看涨；顶部的急涨急跌，看跌。

11. 在盘中突然出现长阳线或者长阴线后，股价可能会波动一段时间，这是市场在"消化"这根长阳（阴）线，要耐心等待"消化"后的趋势。

12. 股价从盘整区间突破后又快速回到区间内，要注意股价可能从反方向突破。即第一次的突破是假突破。

13. 整数位（0.00，0.50）都可能是支撑位或压力位。

14. 盘整区间突破后，并不一定会有一大段的趋势，有可能会再接一个新的盘整区间。

15. 股价在离 VWAP 或均线较远的位置向远离 VWAP 或均线的方向再次突破压力位，一般不要入场，可能会再次拉回到 VWAP 或均线。

16. 我在交易时，如果单只股票建仓三次都没有盈利，那么我今天就不再交易这只股票。

17. 不要预设股票一天之内的涨跌幅度。

18. 盘前在寻找关键位时，股价碰到关键位的次数越多，在开盘后可能越有效。

19. 对一段趋势不猜顶、不猜底。

20. 在开盘阶段，使用 ABC 策略时，一定要注意 B 点必须要创出当日盘中新高（做多）或新低（做空），最好能超过盘前的最高点或最低点。

21. 开盘后，在 1 分钟走势图上的第一根 K 线，如果是带有长上影线的阳线且基本没有下影线，那么就要注意第二根 K 线是否继续下跌，如果下跌超过第一根 K 线的最低且此时股价低于 VWAP，可以跟进做空，止损在第一根 K 线最低点。这种方法风险比较高，进场点一定要贴近第一根 K 线的最低，而且第一根 K 线不能太长。同理，开盘后，在 1 分钟走势图上的第一根 K 线，如果是带有长下影线的阴线且基本没有上影线，那么就要注意第二根 K 线是否继续上涨，如果上涨超过第一根 K 线的最高且此时股价高于 VWAP，可以跟进做多，止损在第一根 K 线最高点。这种方法风险比较高，进场点一定要贴近第一根 K 线的最高，而且第一根 K 线不能太长。此方法也同样适用于 5 分钟走势图。

22. 开盘后的 K 线比较短，而且上下影线不长，那么开盘后容易走出趋势。如果开盘后第一根 K 线就很长，或者上下影线相对于实体都很长，那么开盘后，一般会震荡一段时间。

23. 股价在区间盘整时，看 1 分钟走势图，如果有一根 K 线突然缩量，成交量只有之前 K 线的一半左右，那么要注意下一根 K 线可能会放量突破。

24. 看 1 分钟走势图，加仓只在趋势回调的第一次回踩 20MA 时或第二次回踩 20MA 时。一般情况，第三次回踩，20MA 不一定能支撑住，可能需要 50MA 的支撑。

25. 股价上涨碰到压力位后回撤，但是回撤不多，而是在压力位下方盘整，等再次放量时可能向上突破压力位，此时可以做多。向下突破支撑位同理。

26. 如果当天整体市场比较震荡，交易时，等股价达到第一目标位可以多止盈一些。

27. 入场前要计算出此时的股价与当天最低点或最高点的差价，并比较日线图上的 ATR，如果价格空间已经不大，不要入场。

28. 前一天盘中的关键位在今天可能仍然有效，尤其要关注在前一天既做过支撑位也做过压力位的关键位。

29. 股价每一次接近 VWAP 时都要留意。

30. 开盘后(一般是开盘后 15 分钟内)的最高点和最低点都要标记出来，可能是今天盘中的关键位。

31. 盘前高点和盘前低点在开盘阶段都很重要。如果突破盘前高点，可能是做多的机会；如果突破盘前低点，可能是做空的机会。

32. 股价在上涨时，如果盘中股价验证过 50MA 或 200MA 的支撑，且股价之后向下突破，可能是入场做空的机会。股价在下跌时，如果盘中股价验证过 50MA 或 200MA 的压力，且股价之后向上突破，可能是入场做

多的机会。

33. 如果在 5 分钟走势图出现锤头线或倒锤头线，接下来要在 1 分钟走势图上密切注意趋势反转的可能。

34. 至少要等股价向下突破 20MA 才考虑顶部反转做空；同理，至少要等股价向上突破 20MA 才考虑底部反转做多。

35. 在二级报价卖方这侧每隔一段价格（一般 25 美分或 50 美分）有一个大单，即此价格上的大单股数是其他价格上的股数的 10 倍，而在买方这侧没有大单。这种情况可能意味着股价会按照卖方方向运行，即可能上涨。同理，在二级报价买方这侧每隔一段价格（一般 25 美分或 50 美分）有一个大单，即此价格上的大单股数是其他价格上的股数的 10 倍，而在卖方这侧没有大单。这种情况可能意味着股价会按照买方方向运行，即可能下跌。

36. 股价在上涨趋势中，二级报价一直有大单在卖方一侧排列，但是在某一价格（一般是整数价格）后没有大单，股价在达到这个价格后趋势可能不会继续。

37. 两种指标重合叠加的时候，支撑或压力效果更好，比如 VWAP+ 关键位，均线 + 关键位，VWAP+ 均线。

38. 盘前选择当天交易标的时，选择盘前关键位明显的股票比较好。

39. 股价在之前下跌后形成锤头线，当股价第二次下跌到锤头线底部要注意，股价可能会转涨。

40. 盘前最高点和最低点离得比较远（区间大），开盘价如果在这之间偏中间的位置，开盘后可能会先震荡一段时间。反之，如果盘前最高和最低点区间小，开盘时靠近盘前最低点或最高点，开盘后可能会有趋势。

41. 趋势等回调入场，盘整等突破入场，不能混淆。

42. 股价在趋势中，一般要放大量后才可能盘整或反转。

43. 以做多为例，股价到达前高点，尤其上一次到达此压力位收上长上影线并放出大量，但是没有突破。这一次到达后突破，但是成交量小，这说明突破力量不够，可能会再跌回压力位，可能是小阳线突破长阴线跌回。

44. 在一波大的趋势走完之后，一般不会马上有很好的入场机会，此时不要轻易入场。

45. 一般来说，盘整得越久，股价突破后下跌或上涨得就越多，趋势持续得就越久。

46. 盘前选交易标的是一定要看盘口的价差的，如果价差高的话不适合日内交易。

47. 连续的锤头线或倒锤头线，可能是入场信号。

48. 如果某股票当天有重要数据发布，可能要等发布后才会有趋势，在发布前可能都在震荡中。

49. 在观察股价时要及时画出关键位、三角形区间或盘整区间。

50. 每当觉得信心不足，或有再试一次、想挽回损失的想法时，不要入场。

后记：写在最后的一点感想

到这里，你已经读完了本书，相信你现在已经能够判断出日内交易是否适合自己。想要在日内交易中取得成功，需要具备超过一般人的纪律性、执行力、稳定的心态，等等。如果你觉得自己适合从事日内交易，那么下一步就是要接受更多的学习和训练。本书只是简略地为你提供日内交易最基本的知识，只是你通往日内交易事业成功路上的一级台阶。要成为稳定获利的日内交易者，你还有很长一段路要走。正如本书开篇提到的，你能够仅仅看一两个视频就成为一名程序员吗，或者只读两本医学杂志，就成为一名外科手术专家吗，这都不可能。本书只能帮助你奠定最根本的基础，让你可以在这个基础之上继续学习。本书绝对不是包括了日内交易方方面面的百科全书，而是关于日内交易的概述。和其他任何高门槛的事业一样，日内交易的成功在于你要坚持学习，每一天都要有新的进步。

如果你能找到志同道合的朋友与你一起，你可能会更轻松和更有信心。我建议你找到相同的想从事日内交易的朋友共同学习、互相鼓励、共同进步。如果你可以找到经验丰富的日内交易者来作为你的"导师"的话，那么你的成长将会快很多。

世界上任何的成功人士，都是先做好了自己专业领域的事情，而财富的增长只是随之而来、水到渠成的事情。股票日内交易也是一样。日内交易者作为股票市场的参与者，参与股票交易的目的是为了盈利，但是在交易时，日内交易者所关注的是策略的执行，因为只要按照交易策略执行，

就一定会盈利。在日内交易中，每一天你都可以看到自己账户的盈利状态，你可能有时会因为追求盈利而忽略了策略的执行，这往往会导致之后的亏损。在进行日内交易时，交易者要时刻提醒自己专注于策略的执行，坚守交易纪律，而盈利并不是交易时关注的重点。

我个人认为，一个人拥有的财富可以粗略地分为外在财富和内在财富。外在财富是指一个人拥有的存款、住房等财产；而内在财富是指一个人的修养、知识、性格等内在的积累。我们经常可以看到在介绍某金融大鳄时，谈论他们的第一桶金赚取了多少外在财富，但是很少讨论他们在赚取第一桶金时所获得的内在财富，或者说，他们在赚取第一桶金之前，所经历的挫折、失败，甚至是苦难给他们带来的内在财富。急功近利、心浮气躁，想要一夜暴富的人只追求外在财富，却忽略了一个简单的道理：外在财富是需要内在财富来承载的，只有在修养、知识、性格等方面都有所积累的人才可能获得大量的外在财富。有很多买彩票中了大奖的人，在中奖之后很短的时间内，会变得比中奖之前更贫穷，这正是因为他们没有内在财富来承载这突如其来的外在财富。

股票交易也是一样，交易者需要训练自己的交易技巧，更重要的是训练自己交易时的心态。只有冷静、耐心、情绪稳定的交易者才能在日内交易中稳定获利。任何"富贵险中求"的想法在股票市场中都没有立足之地，有这种想法的人亏损后必然会永远告别股票交易。

在生活中，我们每一个人都有自己需要克服的性格上的弱点。在交易中也是一样，有些人不愿接受亏损，往往就亏损得更多；有些人在交易开始盈利后没有耐心等待股价到达目标位，就只能赚取微小的利润；有些人发现了一个盈亏比非常好的交易机会，却因为犹豫或害怕没有进场，从而错失了盈利的机会……想要变得更好，唯一的方法就是克服自己的弱点。之后的你，一定是一个更好的你：更冷静、更谨慎、更谦虚。

人生短暂，在有机会追逐梦想的时候如果踌躇不前，那将会是一生的遗憾。交易中的亏损不值得遗憾，遗憾的是如果你对股票交易有兴趣，但却从来没有去尝试，那么你可能就错失了一次改变人生的机会。在面对人生的挑战时，你可能会失败，但是即使失败，你也获得了宝贵的人生经验。如果成功，日内交易或许能成为你毕生的骄傲，可能是你开创另一番光辉事业的起点。在股票交易中，你会更加看清自己、认识自己，更勇敢地面对自己。

必须承认，从事日内交易是不容易的。我在学习日内交易的过程中，也有过想要放弃的念头，但是现在回头看，还好我坚持了下来，日内交易给我带来的收益（不只是金钱方面）远远大于我的付出。除去日内交易带来的金钱收益之外，成为一名成功的日内交易者对一个人的提升也是明显的。我接触过的成功的股票交易者，他们在生活中的言谈举止都充满信心。这是因为他们工作的优越性，或者说是因为他们的收入高，而让他们信心满满、举止得体吗？还是说正是因为他们不同于他人的信心和举止才为他们带来了成功？我认为这是一个互相促进的关系。

以我个人的经验而言，我坚持日内交易，坚持我的交易策略，遵循其中的交易计划和纪律原则。这个过程对我的生活习惯也形成了正面的影响，在生活中我也会更注意坚持计划和遵守纪律。而我在生活中的好习惯，比如健康饮食、早睡早起、坚持运动，反过来又会让我在交易时更加精力充沛、更加专注，让我更自律地遵循交易计划，遵守交易纪律，这又会让我的交易更成功。这是一个提升自我的正循环过程。

成功的日内交易者，他们几乎在各个方面的表现都很成功，他们满怀抱负，充满信心，而且对自己永远有极高的要求，对未来保持热情。读到这里，如果你真的决定要投身于日内交易这项事业，那么不妨从今天开始，从现在开始，培养好自己的习惯，开始规律的运动，每顿饭都注意营养的搭配，每天都保证充足的睡眠，同时摒弃一些坏习惯，在每一个方面都严格要求自己。当你开始在生活中能够坚持做到这些，那就说明你获得了可以成为一名成功的日内交易者的前提。

坚持学习，对一切新接触的事物都保持兴趣和怀疑。稳定盈利的日内交易者会持续完善自己的交易系统，他们会每一周甚至每一天都总结自己交易系统中不足的地方并对比加以调整，这些调整不仅是技术上的，而且是心态上的。提高交易技巧、遵守交易纪律、管理情绪，其实从始至终日内交易者要做的就是这些。

如果你在阅读本书或者在股票日内交易的过程中遇到任何问题，欢迎发邮件联系我。邮箱地址：leixingjian@gmail.com。

最后，祝所有有志于成为日内交易者的朋友们，学有所成，交易顺利！

雷行健

2023 年 5 月